Gudrun Aichwalder

DAS FLEISCH

SCHLACHTUNG · VERARBEITUNG · DAUERWAREN

LEOPOLD STOCKER VERLAG
GRAZ – STUTTGART

Für die Unterstützung bei der Erstellung dieses Buches bedanke ich mich bei Frau Oberagrarrat Ing. Gerda Köffler.

Graphische Gestaltung: Werbeagentur Edelweiß, Dunst und Greiderer Ges.m.b.H., Hartberg
Umschlagfoto: Arge bäuerlicher Selbstvermarkter, Graz
Umschlaggestaltung: Herwig Steiner, Graz
Fotos: Gudrun Aichwalder; Landhof Ges.m.b.H., Linz; Dr. Ferdinand Ringdorfer; Ing. Wilhelm Tritscher

ISBN 3-7020-0649-4

Printed in Austria.
Druck: M. Theiss Ges.m.b.H., Wolfsberg

INHALTSVERZEICHNIS

Die Bedeutung des Fleisches für die menschliche Ernährung 7
Bestandteile des Fleisches 7
Optimale Eiweißversorgung des Menschen 9
Vor- und Nachteile von tierischem Eiweiß in der Ernährung 10
Vorteile 10
Nachteile 12
Österreichische Schweinefleischuntersuchung mit Feststellung des relativen Fettsäuregehaltes 12
Die wichtigsten Nährwerte einzelner Fleischarten 15

Was müssen Erzeuger und Vermarkter wissen? 17

Tierhaltung und -fütterung 18

Arbeitsgeräte 19

Räume und Zubehör für Schlachten, Verarbeiten und Lagern 24
Schlachtraum 24
Einrichtungsgegenstände je nach Tierart 25
Reinigung des Schlachtraumes, der Einrichtung und der Geräte 26
Kühlraum 26
Gemauerte Kühlräume 26
Kühlraumzellen 27
Verarbeitungsraum 27
Einrichtungsgegenstände 29
Selchvorrichtungen 31
Gemauerte Selchräume 31
Schrank- und Kastenselch 33
Reifungs-, Trocknungs- und Lagerräume 33
Verkaufsraum 35
Ausstattung von Räumen mit Geräten für die Hausschlachtung und Direktvermarktung 38
Reinigung von Verarbeitungsräumen und -geräten 41

Das Schlachten und Zerteilen der Tiere 42
Das eigentliche Schlachten und Ausweiden 42
Töten bzw. Stechen der Tiere 42
Häuten und Ausweiden (Rinder, Kälber) 42
Brühen (Schweine) 43
Blutgewinnung 43
Behandlung des Schlachtkörpers 43

Probleme bei der Kühlung ... 44
Das Fleischuntersuchungsrecht ... 45
Zerteilen verschiedener Schlachtkörper ... 48
Zerteilen einer Schweinehälfte ... 49
Grobzerteilung ... 50
Zerteilen der einzelnen Fleischstücke ... 54
Zerteilen eines Rindes ... 60
Grobzerteilung ... 60
Feinzerteilung ... 60
Zerteilen von Schaf und Wild ... 63
Schlachten von Geflügel ... 66
Fehler beim Schlachten, Ausweiden und Kühlen ... 67

Das Fleisch und dessen Verwendung in der Küche ... 69
Was versteht man unter Fleischqualität ... 69
Vorrichten von Fleisch ... 69
Fleischteile einzelner Tierarten und deren Verwendung in der Küche ... 71
Fleischteile des Schweines ... 71
Fleischteile des Schweines – Merkmale und Verwendungszweck ... 72
Fleischteile des Rindes ... 78
Vergleich der Bezeichnung der Fleischteile von Schwein und Rind ... 79
Fleischteile des Kalbes ... 88
Fleischteile des Kalbes – Merkmale und Verwendungszweck ... 89
Fleischteile des Schafes ... 93
Fleischteile des Schafes – Merkmale und Verwendungszweck ... 94
Geflügel, Wild, Kaninchen – Verwendungszweck ... 96

Haltbarmachen von Fleisch ... 97
Haltbarkeit von Frischfleisch ... 97
Gefrieren von Fleisch ... 98
Gefriergeräte ... 99
Verpackungsmaterial ... 100
Vorbereiten des Gefriergutes ... 100
Das Verpacken von Gefriergut ... 101
Beschriften des Gefriergutes ... 103
Einfrierregeln ... 104
Auftauregeln ... 105
Herstellung von Dauerwaren ... 106
Wurstbereitung ... 106
Einteilung der Wurstarten ... 106

Kochwürste (Streich- und Blutwürste, Sulzen) ... 107
Codexbestimmungen für Kochwürste ... 107
Herstellungsrichtlinien ... 109
Rezepte für streichfähige Kochwürste ... 110
Rezepte für andere Kochwürste ... 112
Die häufigsten Fehler und deren Ursachen bei Kochwürsten ... 116
Rohwürste (Hauswurst, Salami) ... 117
Rohmaterialien und Zutaten ... 118
Herstellungsrichtlinien ... 120
Codexbestimmungen für die im Buch behandelten Rohwürste ... 124
Rezepte für Rohwürste mit Belag ... 125
Rezepte für Rohwürste ohne Belag ... 126
Abtrocknungsgrad der Rohwürste ... 128
Die häufigsten Fehler und deren Ursachen bei Rohwürsten ... 130
Pökelwaren (Bachenspeck, Beinschinken, Rollschulter, Osso Collo, Bündner Fleisch) ... 132
Rohmaterial und dessen Vorbereitung für das Pökeln ... 132
Pökelmethoden ... 134
Räuchern (Selchen) und Räucherfehler ... 137
Reifen und Trocknen des Pökelfleisches ... 139
Bezeichnungen der fertigen Pökelwaren ... 141
Rezepte für Rohpökelspezialitäten ... 142
Fettbereitung ... 148
Fettgewinnung ... 148
Fettspezialitäten ... 148

Hygiene ... 150
Schadkeime (Mikroben) bei der Fleischverarbeitung ... 151
Lebensmittelvergiftende Mikroben ... 152

Sicherheitsvorkehrungen vor Unfällen ... 158

Planung und Wirtschaftlichkeit ... 160
Planung der Schlachtung und Verarbeitung ... 160
Liste zur Kontrolle und Ergänzung der Hilfsmittel für die Dauerwarenerzeugung ... 162
Wirtschaftlichkeit ... 163

Vermarktung von Fleisch und Fleischdauerwaren ... 164
Verkauf von Frischfleisch ... 164

Fleischverluste von der Schlachtung bis zum Verkauf 165
Die Ausbeute des Schlachtgewichtes einzelner Tierarten 167
Haltbarkeitsfristen für verpackte Fleischwaren 170
Direktvermarktungsmöglichkeiten von Fleisch und Fleischdauerwaren 171
Darstellung der Situation (Analyse) 171
Möglichkeiten der Direktvermarktung (Checklisten) 173

Literaturverzeichnis 181

DIE BEDEUTUNG DES FLEISCHES FÜR DIE MENSCHLICHE ERNÄHRUNG

In allen Epochen war das Fleisch für die Ernährung des Menschen von Bedeutung. Bei jagenden Naturvölkern ist es heute noch Hauptbestandteil ihrer Nahrungsversorgung. Mit dem Seßhaftwerden des Menschen ist der Anteil des Fleisches in der Nahrung geringer geworden, aber auch in unserer Zeit wird eine gemischte Kost, bestehend aus Gemüse, Fleisch, Getreide und Milchprodukten, als ausgewogene und gesunde Ernährungsform betrachtet.
Dennoch besteht die Meinung, daß die Menschen zu viel Fleisch essen. Aber der Mensch nimmt von allen Nahrungsmitteln zu viel zu sich; er versteht es nicht, die Ernährung seiner Arbeits- und Lebensweise anzupassen.
Unter „Fleisch“ im Sinne des Fleischbeschaugesetzes versteht man alle Teile warmblütiger Tiere, die sich für den menschlichen Genuß eignen; im allgemeinen das Muskelfleisch mit dem eingebetteten Fett- und Bindegewebe.

Fleisch hat eine hohe Nährstoffdichte

Dies bedeutet, daß dem Körper mit hochwertigem Fleisch viele lebensnotwendige Nährstoffe zugeführt werden können.

Etliche Menschen haben Gewichtsprobleme; deshalb ist es wichtig, über den Energiegehalt der einzelnen Fleischteile Bescheid zu wissen.
Der durchschnittliche Energiewert von 100 g magerem Fleisch beträgt 439 Kilojoule oder 105 Kalorien, der durchschnittliche Nährstoffgehalt von 100 g fettem Fleisch 3500 Kilojoule oder 830 Kalorien, 100 g frischer Rückenspeck vom Schwein hat hingegen 3175 Kilojoule oder 759 Kalorien.

BESTANDTEILE DES FLEISCHES

Mageres Muskelfleisch enthält:		Fettes Muskelfleisch enthält:
Wasser:	72 bis 76%	13 bis 15%
Eiweiß:	19 bis 22%	4 bis 6%
Fett:	0,5 bis 4,5%	74 bis 81%
Kohlehydrate:	1%	–
Bindegewebe:	2 bis 5%	2 bis 5%
Vitamine:	B_1, A, D, B_2, K, B_C	–
Mineralstoffe:	1% Kalium, Calcium, Magnesium, Jod, Phosphor, Eisen	in geringen Mengen Natrium, Phosphor, Kalium

Das Eiweiß befindet sich nicht nur in der Muskelfaser, sondern auch im Fleischsaft sowie im Bindegewebe.
Bei unsachgemäßer Behandlung des Fleisches geht daher Saft und damit Eiweiß verloren.

Die Eiweißverteilung im Fleisch

in der Muskelfaser	im Fleischsaft	im Bindegewebe
52 bis 56%	30 bis 35%	10%

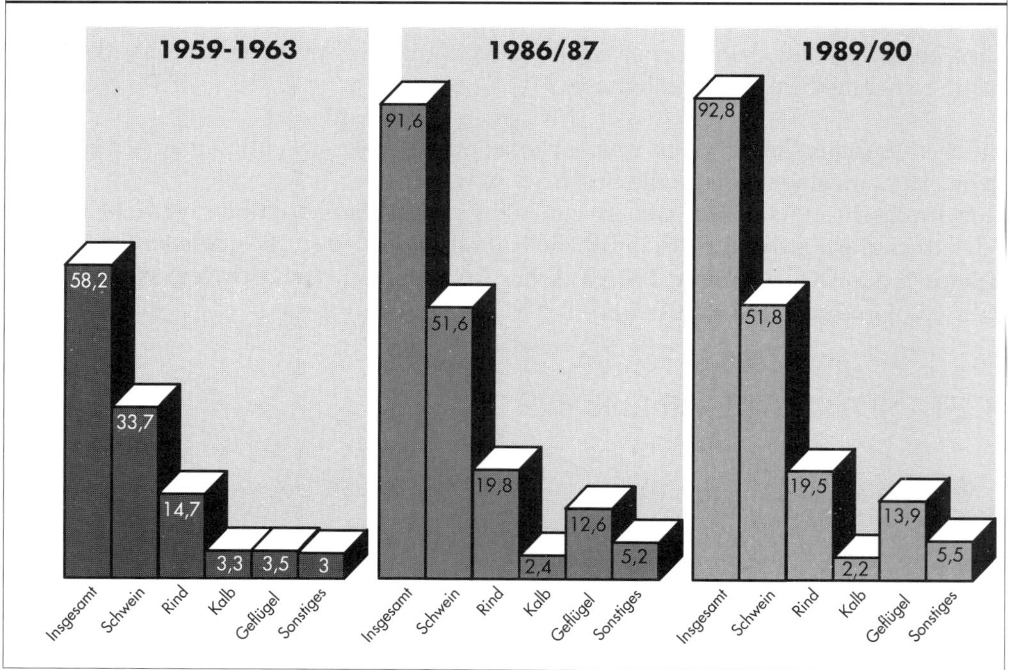

Fleischverbrauch in Österreich 1959 bis 1990 (in kg)
Quelle: Österr. Stat. Handbuch

Bei der Berechnung des Fleischverbrauches bis 1990 ist nur das Schlachtgewicht berücksichtigt. Um auf den tatsächlichen Fleischverzehr pro Person und Tag zu kommen, müssen vom Schlachtgewicht ca. ein Drittel für Zuschnitte, Knochen und Reste, die am Teller bleiben, abgezogen werden.

Z. B.: Fleischverbrauch 1990 (lt. Handbuch)

Schlachtgewicht insgesamt	92,80 kg; 250 g pro Person/Tag
minus 1/3 Abfälle und Zuschnitte	30,90 kg
Tatsächlicher Fleischverzehr	61,90 kg; 170 g pro Person/Tag

OPTIMALE EIWEISSVERSORGUNG DES MENSCHEN

Die empfohlene Eiweißzufuhr pro Person und Tag richtet sich nach dem Lebensalter und Gesundheitszustand. Schwangere und Stillende weisen einen erhöhten Bedarf auf.

Empfohlene Eiweißzufuhr pro Person und Tag

Alter	**Protein** g/kg[1) männlich	weiblich	**Protein** g/Tag männlich	weiblich
Säuglinge				
0 bis unter 4 Monate	2,2		11	
4 bis unter 12 Monate	1,6		13	
Kinder				
1 bis unter 4 Jahre	1,2		16	
4 bis unter 7 Jahre	1,1		21	
7 bis unter 10 Jahre	1,0		27	
10 bis unter 13 Jahre	1,0		38	39
13 bis unter 15 Jahre	1,0		51	50
Jugendliche und Erwachsene				
15 bis unter 19 Jahre	0,9	0,8	60	47
19 bis unter 25 Jahre	0,8		60	48
25 bis unter 51 Jahre	0,8		59	48
51 bis unter 65 Jahre	0,8		58	48
65 Jahre und älter	0,8		55	47
Schwangere		58[2) 3)]		58[2)]
Stillende		63[3)]		63

1) g/kg Sollgewicht und Tag
2) Ab 4. Monat der Schwangerschaft
3) g pro Tag

Quelle: Ernährung Aktuell 6/91

Die Eiweißstoffe werden im menschlichen Körper benötigt als
- Bausteine der Zellen
- Bestandteile der Enzyme
- Gerüstsubstanz der Haare und Nägel
- Aufbaustoffe von Sehnen und Knorpeln
- Bestandteile des Blutes

In der menschlichen Nahrung müssen mindestens 10 bis 15% Eiweiß enthalten sein. Davon sollte mindestens ein Drittel, aber höchstens die Hälfte aus tierischen Lebensmitteln, z. B. Fleisch, Milchprodukten und Eiern, stammen.
Pflanzliches Eiweiß liefern uns z. B. Hülsenfrüchte und Hafer.

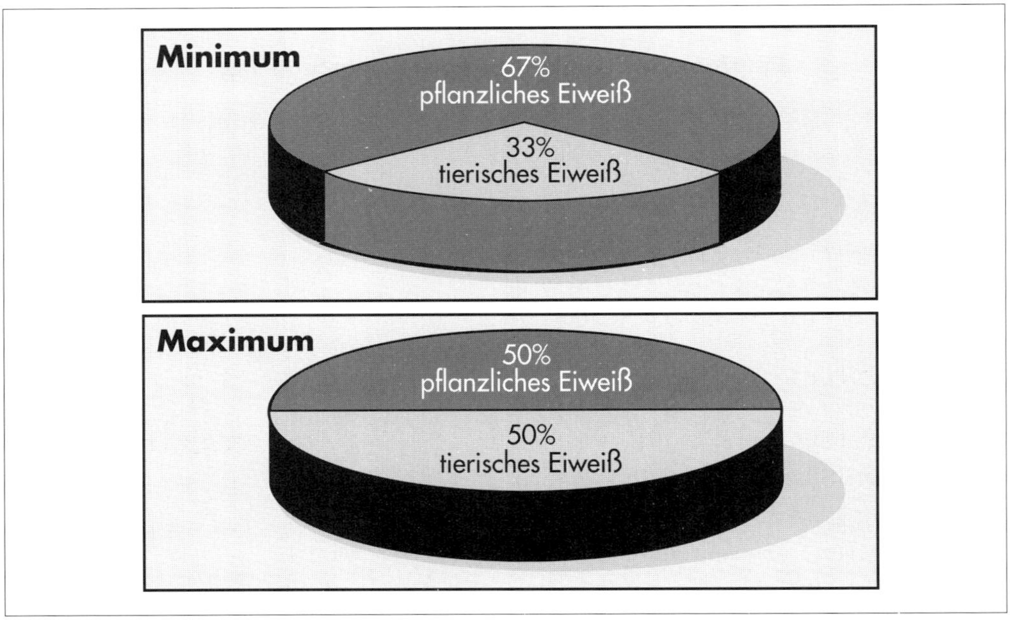

VOR- UND NACHTEILE VON TIERISCHEM EIWEISS IN DER ERNÄHRUNG

Vorteile

a) Biologische Wertigkeit

In den tierischen Eiweißstoffen sind die essentiellen Aminosäuren in einem ähnlichen Mengenverhältnis wie im menschlichen Körper enthalten; daher können 78 bis 92% davon verwertet werden.

Wird tierisches mit pflanzlichem Eiweiß gemischt, erhöht sich die biologische Wertigkeit.

b) Vitamine und Mineralstoffe

Mageres Fleisch und Innereien sind sehr vitaminreich.

- *Wasserlösliche Vitamine*

B_1, B_2, B_6 und B_{12} sind im Fleisch reichlich vorhanden.
Das Schweinefleisch ist neben dem Vollkornbrot einer unserer wichtigsten Vitamin-B_1-Lieferanten. Vitamin B_{12} kommt fast nur in tierischen Lebensmitteln vor und wird deshalb bei vegetarischer Ernährung häufig in zu geringen Mengen aufgenommen.
In der Leber ist sogar mehr Vitamin C enthalten als in Äpfeln.

- *Fettlösliche Vitamine*

A und D sind in bedeutenden Mengen nur in Innereien enthalten.

- *Mineralstoffe*

Fleisch und Innereien sind reich an Mineralstoffen.
Der Gehalt an Kalium ist höher als im Gemüse.
Das in tierischen Lebensmitteln enthaltene Eisen kann vom Körper besser verwertet werden als jenes pflanzlicher Herkunft. Werden sowohl pflanzliche als auch tierische eisenhaltige Nahrungsmittel bei einer Mahlzeit eingenommen, erhöht sich die Aufnahme des Eisens aus den Pflanzen.
Der Natriumgehalt des Frischfleisches ist niedrig und erhöht sich erst bei der weiteren Verarbeitung durch die Zugabe von Salz.
Der Bedarf des Menschen an dem Spurenelement Zink wird hauptsächlich durch den Genuß von Fleisch gedeckt.

c) Verdaulichkeit

Mageres Fleisch und Fleisch von jungen Tieren ist gut verdaulich, da es wenig Bindegewebe enthält. Es eignet sich daher für die Ernährung rekonvaleszenter und alter Menschen.

d) Geschmack

Marmoriertes Fleisch ist schmackhafter als mageres, denn die meisten Aromastoffe sind an Fett gebunden.

e) Sättigungswert

Der Sättigungswert von Fleisch ist größer als jener vieler anderer Lebensmittel, denn die Verdauung erfolgt in mehreren Abbaustufen und dauert deshalb länger.

Nachteile

a) Energiewert

Fettes Fleisch weist einen hohen Energiewert auf und fördert das Übergewicht.
Der Fettgehalt von Fleischgerichten ist nicht nur vom eßbaren Anteil abhängig, sondern auch

- von dem Vorbereiten vor dem Garen: z. B. Ölbeizen, Fett mehr oder weniger entfernen;
- von der Zubereitung und Fettbeigabe: kochen, dünsten, braten, fritieren, panieren;
- von den Verzehrgewohnheiten: Fettränder bleiben am Teller.

b) Hoher Cholesterin- und Puringehalt

Innereien weisen einen hohen Cholesterin- und Puringehalt auf; ihr häufiger Verzehr kann daher zu Kreislauferkrankungen und Gicht führen. Personen mit erhöhtem Harnsäurespiegel im Blut sollten täglich höchstens 100 bis 150 g Fleisch, gleichgültig, von welcher Tierart, zu sich nehmen. Der Puringehalt kann durch das Entfernen der Haut,
z. B. bei Geflügel, Schwein, Fisch, gesenkt werden.

c) Hoher Natriumgehalt

Dauerwaren können je nach zugesetzter Kochsalzmenge einen erhöhten Natriumgehalt aufweisen und damit den Blutdruck steigern.

ÖSTERREICHISCHE SCHWEINEFLEISCHUNTERSUCHUNG MIT FESTSTELLUNG DES RELATIVEN FETTSÄUREGEHALTES

Der Fettsäuregehalt von Schweinefleisch wird schon seit langem diskutiert.
In diesem Zusammenhang ist eine Schweinefleischuntersuchung aus dem Jahre 1991 von Univ.-Prof. Dr. Josef Leibetseder interessant. Untersucht wurden vorwiegend maisgefütterte Schweine. Das Untersuchungsergebnis erbrachte neue Erkenntnisse, weicht aber von den Angaben der offiziellen Nährwerttabelle 1992/93 ab.

Diese Abweichungen sind:

- Der ausgewiesene Fettgehalt war niedriger als noch vor zehn Jahren. Er wurde durch gezielte Züchtung und veränderte Fütterung erreicht.
- Der Kaloriengehalt war ebenfalls niedriger, da in der Untersuchung bereits die Zurichtung durch den Fleischhauer berücksichtigt wurde (siehe Tabelle unten).
- Der Cholesteringehalt im eßbaren Anteil des mageren Fleisches lag unter dem in der Nährwerttabelle ausgewiesenen.

Untersuchung:	60 mg Cholesterin in 100 g eßbarem Anteil
Nährwerttabelle:	70 mg Cholesterin in 100 g eßbarem Anteil

- Unterschiede ergaben sich auch im Fettsäuremuster. Im Fett der untersuchten Schweine war der Gehalt an wertvoller Linolsäure gestiegen, der an gesättigter Plamitinsäure hingegen gefallen.

Das Schweinefleisch ist besser als sein Ruf!

Mageres Schweinefleisch von maisgefütterten Tieren erhöht den Cholesteringehalt im Blut nicht unbedingt; vielmehr ist die Zubereitung entscheidend.

Fettgehalt und abtrennbares Fett von Schweinefleisch in 100 g Rohware		
Teilstück	Fettgehalt	abtrennbares Fett
Kotelett	9,1	6,3
Schopf	14,5	10,7
Schulter	21,3	19,1
Schlegel	8,3	5,5
Bauch	31,8	15,1

Da der Fettgehalt eines Fleischgerichtes von den einzelnen Zubereitungsarten abhängt, werden hier einige Empfehlungen von Frau Dipl. oec. troph. Monika Radke, Trier/Deutschland, angeführt:

Fettverbrauch bei der Zubereitung

Übergießen von 1 kg Fleisch	36 g
Anbraten von 1 kg Fleisch	25 g
Anbraten von 500 g Gulasch	25 g
Kurzbraten von 4 Scheiben unpaniertem Fleisch	25 g

Kurzbraten von 4 Scheiben paniertem Fleisch	35 g
Fettaufnahme von 1 paniertem Schnitzel	10 g
Fettaufnahme von 1 unpaniertem Schnitzel	2 g
Fettaufnahme von 2 Fleischlaibchen	3 g

Niedrige Werte lassen sich nur durch sorgfältiges Arbeiten in der Küche erreichen.

- Abmessen, nicht schätzen der notwendigen Fettmenge.
- Kochgeschirr zuerst erhitzen, dann das Fett hineingeben.
- Marmoriertes Fleisch verwenden.
- Faschiertes kann in heißem Kochgeschirr ohne Fett garen.
- Wenn möglich, im Bratrohr garen, dabei das Fleisch mit etwas Wasser ansetzen.
- Zum Fritieren frisches und heißes Fett verwenden. Nur wenig Fleisch auf einmal in die Pfanne geben, damit das Fett nicht zusehr abkühlt.

Fettgehalt im eßbaren Anteil von 100g Rohware

Quelle: Souci, Fachmann, Kraut

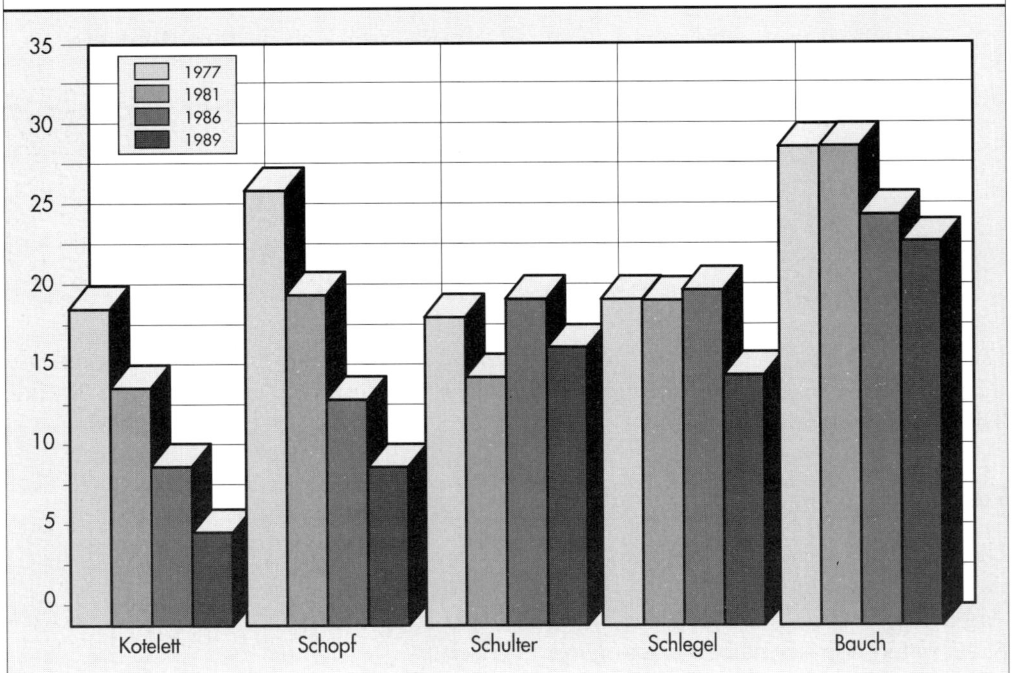

	Fettsäure	A	B
Myristinsäure	C14	1,5	0,7
Palmitinsäure	C16	25,0	19,6
Stearinsäure	C18	12,5	12,6
Palmitoleinsäure	C16:1	4,8	1,9
Ölsäure	C18:1	48,2	50,6
Linolsäure	C18:2	6,5	13,9
Linolensäure	C18:3	1,5	0,7

A: Souci/Fachmann/Kraut 1989, reines Muskelfleisch;
B: Leibetseder/Kadi/Böhm 1991, Fleischanteil

DIE WICHTIGSTEN NÄHRWERTE EINZELNER FLEISCHARTEN

(Auszug aus: Die große Nährwert-Tabelle 1992/93)

Für die genaue Zusammenstellung eines Speisezettels, z. B. bei Übergewicht, chronischen Erkrankungen, für Menschen mit erhöhten Cholesterin- und Harnsäurewerten im Blut, werden die Nährwerte der einzelnen Fleischarten benötigt.

Je 100 g verzehrbarem Anteil

Fleischart	reich an	Kcal	KJ	Eiweiß g	Fett ges. g	Fett MuF g	Cholesterin mg	Purine mg
Rind dicke Rippe Rostbraten	E F M V	223	933	18,6	16,5	–	–	110
Rind ohne Fett	E M V	105	439	21,3	1,7	0,1	70	130
Kalb ohne Fett	E M V	95	397	21,9	0,8	–	–	190
Schwein o. F.	E M V	111	466	21,1	3,0	0,2	70	154
Schlegel	E F M V	274	1145	16,9	22,9	3,5	80	
Rückenspeck frisch	F	759	3175	4,1	82	–	100	
Lammfleisch ohne Fett	E M V	112	481	20,4	3,4	0,1	70	146
Kaninchen ohne Fett	E M V	112	481	20,8	7,6	1,5	70	145
Hase	E M V	113	474	21,6	3,0	0,1	65	150
Hirsch	E M V	112	469	20,6	3,3	–	110	150
Reh	E M V	97	407	21,4	1,3	–	110	150
Ziegen	E V	149	624	19,5	7,9	–	70	

Fleischart	reich an	Kcal	KJ	Eiweiß g	Fett ges. g	Fett MuF g	Cholesterin mg	Purine mg
Ente	E F M V	227	951	18,1	17,3	3,1	70	153
Gans	E F M V	342	1430	15,7	31,0	4,4	75	240
Brathuhn	E M V	133	556	20,6	5,6	1,2	81	110
Pute	E F M V	212	886	19,2	15,0	4,4	74	150
Innereien								
Kalbsbries	E M V	99	416	17,2	3,4	–	250	1032
Kalbsherz	E M V	114	475	15,2	5,1	0,3	140	
Kalbshirn	E M V	111	464	10,1	7,6	0,3	2000	
Kalbsleber	E M V	130	563	19,2	4,1	0,6	360	250
Kalbszunge	E M V	90	376	17,5	2,2	–	370	
Kalbsniere	E M V	128	534	16,7	6,4	0,1	380	240
Zunge	E M V	128	535	17,1	6,2	–	140	
Schwein								
Herz	E M V	106	445	16,9	3,6	1,5	150	510
Hirn	E M V	123	516	10,6	9,0	–	2000	100
Leber	E M V	134	559	20,1	5,7	1,3	346	

Erklärung:
E = Eiweiß — M = Mineralstoffe — Fett ges. = gesamter Fettanteil
F = Fett — V = Vitamine — Fett MuF = mehrfach ungesättigte Fettsäuren

WAS MÜSSEN ERZEUGER UND VERMARKTER WISSEN?

Damit eine gute Fleischqualität erreicht wird und hochwertige Produkte erzeugt bzw. auf den Markt gebracht werden können, sind folgende Kenntnisse notwendig:

Tierhaltung: Rasse, Zucht, Haltung, Fütterung, Transport der Tiere zur Schlachtung

Schlachtung: Hygiene, Vermeidung von Streß, Betäubung

Verarbeitung:

- *Verwendungsmöglichkeiten der Fleischteile*

  für die Weiterverarbeitung in der Küche
  Konservierungsarten einschließlich Lagerung; gefrieren, wursten, pökeln, selchen, trocknen

- *Arbeitsmethoden und Verfahren*

  einschließend Arbeitsgeräte, -kleidung und Unfallschutz

- *Hygiene*

  Faktoren, welche die Qualität und die Haltbarkeit beeinflussen

Planung:

- Planungsmethoden
- Herstellungsverfahren
- Kalkulationsmethoden

Vermarktung:

- *Gesetze:* Gewerberecht, Lebensmittelrecht, Eichrecht und Qualitätsklassengesetz

- *Verordnungen:* Über Qualitätsklassen, Hygiene (Fleisch – Geflügel), Kennzeichnung

- *Marketing:* Ist für die Direktvermarktung von Bedeutung, siehe Kapitel Vermarktung von Fleisch und Dauerwaren, S. 164

TIERHALTUNG UND -FÜTTERUNG

Die Fleischqualität ist vom Zuchtleistungsziel einzelner Rassen abhängig. Innerhalb der Rasse ist die Qualität wiederum abhängig vom Alter und vom Geschlecht der Tiere (männlich, weiblich oder Kastraten).

Jungkalbinnen und Ochsen haben ein feinfasriges, zartes Fleisch. Weidetiere von Almen liefern ein besonders geschmackvolles Fleisch.

Fleisch von Kühen wird zum Kochen oder zur Brätherstellung verwendet.

Durch gezielte Gebrauchskreuzungen werden in der Mast der einzelnen Tiergattungen

- der Fleischzuwachs optimiert;
- das Fleischaroma verbessert;
- die Fetteinlagerung im Inneren der Muskeln und
- die Fettabdeckung der einzelnen Teilstücke verbessert.

Durch Selektion werden unerwünschte Fleischeigenschaften (z. B. blaß und wäßrig) ausgemerzt.

Die Fleischqualität wird durch die Fütterung nachhaltig beeinflußt. Sie soll ausgewogen und der jeweiligen Leistung angepaßt sein.

Bei Jungtieren ist eine höhere Schlachtausbeute bei geringem Futtereinsatz möglich.

Eine optimale Futterzusammenstellung gewährleistet, daß das Fleisch ein gutes Nährstoffverhältnis, eine ansprechende Farbe sowie einen angenehmen, arttypischen Geruch und Geschmack aufweist.

Grünfutter und Weidegänge bei Wiederkäuern beeinflussen ebenfalls das Aroma und die Inhaltsstoffe des Fleisches.

Schwein und Geflügel können die ungesättigten Fettsäuren aus dem Mais sofort resorbieren. Ihr Fleisch weist je nach Maisanteil im Futter mehr oder weniger ungesättigte Fettsäuren auf.

Maisgefütterte Schweine liefern für den Frischverbrauch Fleisch mit einem besonders hohen gesundheitlichen Wert. Der Mais im Futter beeinflußt auch die Kernigkeit und die Haltbarkeit des Speckes. Für die Erzeugung von Dauerwaren, die lange reifen müssen, ist der Maisanteil in der Endmast zu reduzieren.

Im Rindermagen werden die ungesättigten Fettsäuren des Maiskornes durch Bakterien in gesättigte Fettsäuren umgewandelt.

Schlecht gehaltene und schlecht gefütterte Tiere erbringen eine schlechte Fleischqualität. Sie schränkt die Möglichkeit der Verarbeitung ein, setzt die Lagerfähigkeit der Produkte herab und ist für viele Produktionsfehler verantwortlich.

ARBEITSGERÄTE

Gute Arbeitsgeräte erhalten die Qualität des Fleisches, sparen Arbeitszeit und verringern die Unfallgefahr.

Betäubungsgeräte

Laut Tierschutzgesetz muß jedes Tier vor der Schlachtung betäubt werden.

- *Bolzenschußapparat mit Patronen*

Für jede Tierart gibt es eine bestimmte Patronenstärke. Werden nicht die richtigen Patronen verwendet, ist die Betäubung zu schwach oder die Kopfverletzung zu stark.
Wichtig für den Umgang mit dem Bolzenschußapparat:

- Bedienungsanleitung lesen und einhalten!
- Apparat fest an die Schädeldecke aufsetzen!
- Patronen erst vor dem Gebrauch in den Lauf geben!
- Nicht benützte Patronen aus dem Lauf entfernen!
- Bei Versagen Schußöffnung nie auf Menschen richten!
- Probeschüsse nicht in die Umgebung abfeuern, sondern auf eine starke Holzunterlage zielen!
- Nach Gebrauch den Lauf sofort gründlich reinigen und mit Waffenöl einlassen!

- *Elektrische Betäubungszange*

Werden viele Schweine geschlachtet, ist die Anschaffung einer elektrischen Betäubungszange empfehlenswert. Sie wird hinter den Ohren angepreßt, der elektrische Strom eingeschaltet, das Großhirn betäubt.
Aber: Fehlerhafte Geräte, Wackelkontakte und zuwenig energische Handhabung führen zu Muskelblutungen.

Brüh- und Enthaarungsmaschine

Brüharbeiten im Bottich werden in gebückter Haltung ausgeführt, dabei wird die Wirbelsäule sehr belastet.
Die Brüh- und Enthaarungsmaschine arbeitet selbsttätig. Das Gerät wird elektrisch beheizt, die Wassertemperatur beträgt 60 bis 62° C. Der Arbeitsablauf erfolgt automatisch. Nach dem Brühen und Haaren wird der Deckel geöffnet und das Schwein mit einer Drehbewegung auf den Enthaarungstisch geworfen.
Für Geflügel gibt es ebenfalls elektrische Brüh- und Rupfgeräte, welche die Wassertemperatur gleichmäßig halten und dem Geflügelschlächter die Arbeit erleichtern.

Abflammgerät

Es kann die Restenthaarung bei Schweinen und Geflügel rascher und hygienischer vornehmen als händisches Arbeiten. Durch die Flamme werden nicht nur die Borsten- und Hautreste entfernt, sondern auch die Keime an der Oberfläche der Haut getötet.

Messer

Für jede Arbeit gibt es Spezialmesser, die das Arbeiten erleichtern und, richtig gehandhabt, Unfälle vermeiden. Beim Einkauf soll auf einen Fingerschutz geachtet werden.

- *Stichmesser:* Je nach Tierart verschieden lang und breit: Klingenlänge: 25–30 cm.
- *Beinlmesser:* Werden zum Auslösen der Knochen benötigt; sie sind robust und weisen eine kurze Klinge auf.
- *Schwartenmesser:* Die Klinge ist vorne geschwungen, dadurch wird das Abschwarteln der Haut erleichtert.
- *Schnitzelmesser:* Die lange breite Klinge gewährleistet eine schöne Schnittführung.

Hackstock

Die Arbeitsfläche kann aus Holz oder Plastik sein. Beim Auftreten von Rissen muß die Oberfläche abgehobelt werden.
Wichtig: Nach jedem Gebrauch sorgfältig mit Bürste, Sodalauge und heißem Wasser reinigen!

Schneidbrett

Für die Direktvermarktung dürfen nur rißfreie Plastikschneidbretter verwendet werden.

Schleifstein und Streicher

Gute Fleischqualität hängt auch von der Schärfe der Messer ab. Beim Schärfen der Messer mit dem Schleifstein dürfen sie weder zu steil noch zu flach gehalten werden. Zu steile Haltung macht die Schneide kurz; bei zu flacher Haltung wird die Klinge zu rasch verbraucht. Nach dem Schärfen muß jedes Messer flach mit einem Streicher abgezogen werden.

Knochensäge, Praxen und Bughacken

Das Zersägen der Knochen mit einer Knochensäge ist sicher und ergibt glatte Schnitte. Um mit der Praxe oder der Bughacke eine glatte, präzise Spaltung zu erzielen, bedarf es einiger Übung.

Rippenlöser

Dies ist ein Metallgriff mit einer Plastikschlinge, der das Auslösen der Rippen erleichtert.

Wolfgeräte

Je nach Umfang der Schlachtung wird das Fleisch mit der Hand, mit einem Zusatzgerät der Küchenmaschine oder einem Spezialgerät gewolft.

Vorteile eines großen Gerätes

Anschlußwerte:	Küchenmaschine – 450 bis 600 Watt Kleingewerbegerät – von 1 kW aufwärts

Bei höherem Anschlußwert vergrößern sich die Stundenleistung und Belastbarkeit (z. B. kann angefrorenes Fleisch damit gewolft werden). In starken Geräten wird das Fleisch nicht erwärmt, die Qualität erleidet keine Einbußen. Ein Geschwindigkeitsregler schont das Gerät.

Beim Einkauf ist wichtig:

Ist der geforderte Anschlußwert vorhanden? Steht genügend Platz zur Verfügung?

Was ist beim Betrieb des Wolfgerätes zu beachten?

Messer und Lochscheibe müssen stets geschärft sein, damit sie die Muskelfasern nicht quetschen.
Die Zusammensetzung hat genau nach Gebrauchsanweisung zu erfolgen. Das Gerät nie leer laufen lassen, damit der Verschleiß des Schneidsatzes gering bleibt.

Reinigung und Wartung

Die Reinigung der Wolfgeräte muß sorgfältig erfolgen, da die Keimvermehrung im zerkleinerten Fleisch rasch vor sich geht. Daher muß sofort nach Beendigung des Arbeitsvorganges oder bei Arbeitsunterbrechung auch zwischendurch gereinigt werden. Lochscheiben zur Reinigung nicht auf harte Gegenstände schlagen, denn sie brechen leicht.
Zusatzteile vor dem Zusammensetzen gut trocknen lassen. Alle Schmierstellen und Gewinde in regelmäßigen Abständen ölen.

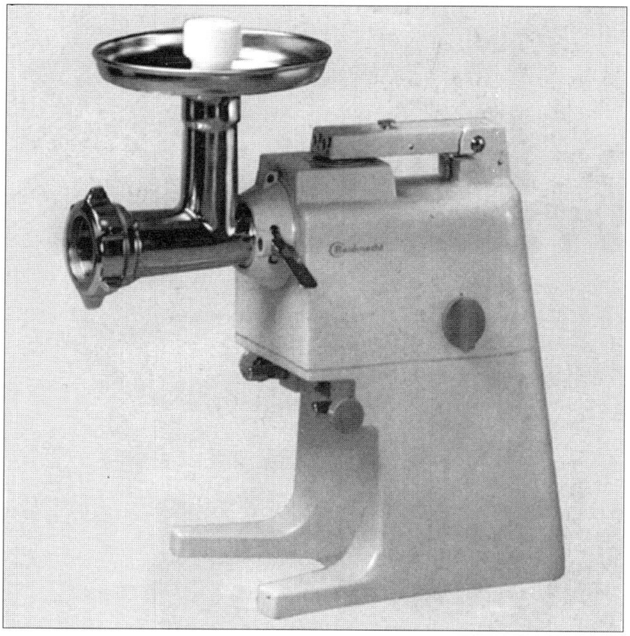

Knetgeräte

In vielen bäuerlichen Betrieben werden Brotknetmaschinen zum Mischen des Wurstmaterials verwendet.

Beim Einkauf ist folgendes zu überprüfen:

- Läßt sich die Geschwindigkeit regeln?
- Stehen in der Gebrauchsanweisung auch Ratschläge für das Wurstkneten? (Erfahrungsgemäß wird am Anfang zu lange geknetet, dadurch verliert die Wurstmasse ihre Bindigkeit.)
- Ist das Knetgefäß vom Hauptgestell entfern- und kippbar, oder muß die Restflüssigkeit mit Tüchern ausgesaugt werden?

Brühkessel

Werden regelmäßig Kochwürste oder Kochpökelware erzeugt, empfiehlt sich die Anschaffung eines Brühkessels.
Die Heizung kann mit Holz, Gas oder Strom erfolgen, aber nur in elektrobeheizten Geräten wird die Brühtemperatur gleichmäßig gehalten.
Eckige Kessel kosten mehr als runde, doch man kann den Inhalt besser nutzen.

Arbeitstische

Die Oberflächen dürfen keine Risse aufweisen.
Arbeitstische in Nirostaausführung sind teuer, aber leicht zu reinigen und hygienisch einwandfrei.

Gefäße

Das Material der Gefäße kann aus Nirosta, lebensmittelgerechtem Kunststoff oder unbeschädigtem Email bestehen, Surfässer auch aus Holz.

Metallfingerschutz und Metallschürze

Durch das Tragen der beiden Schutzbekleidungen werden Stichverletzungen vermieden.

RÄUME UND ZUBEHÖR FÜR SCHLACHTEN, VERARBEITEN UND LAGERN

Alle Schlacht-, Verarbeitungs-, Kühl- und Lagerräume müssen den Richtlinien der Fleischhygieneverordnung und dem Lebensmittelgesetz entsprechen.
Die Raumgrößen und deren Ausstattung richten sich nach dem Umfang der Verarbeitung. Werden große Mengen erzeugt, so sollten die Schlacht-, Kühl-, Verarbeitungs- und Lagerräume in einer Ebene liegen und ohne Stufen eine geschlossene Kette bilden, damit die Transportwege kurz sind. Eine Rohrbahn an der Decke ersetzt die Tragearbeit.

SCHLACHTRAUM

Raummaße

Folgende Mindestmaße werden bei einer Einzelschlachtung benötigt:

Für 1 Schwein	12 m^2 Bodenfläche,	3 m Raumbreite,	2,60 m Raumhöhe;
für 1 Rind	20 m^2 Bodenfläche,	5 m Raumbreite,	3,20 m Raumhöhe.

Fußboden

Er muß wasserundurchlässig, rutschfest, leicht zu reinigen sein und zum Gully ein Gefälle von 1% aufweisen. Die Abwässer sind mit einem Fettabscheider zu klären.

Wände

In der Fleischhygieneverordnung werden eine Wandverfliesung von mindestens 2 bis 3 m Höhe (Rind) und abgerundete Übergänge von den Wänden zum Boden verlangt.

Decke

Laut Fleischhygieneverordnung haben die Decken in einem guten Bauzustand und hell gekalkt zu sein.

Türen

Die Tür in den Schlachtraum muß für ein Rind 3 m hoch und 2,4 m breit sein.
Bei allen weiteren Türen genügen 1,10 m Breite und 2 m Höhe. Korrosionsbeständige, gut abwaschbare Oberflächen erleichtern die Reinigung.

Kamin und Entlüftungsschlauch

Soll das Warmwasser mit festen Brennstoffen erhitzt werden, braucht man einen Kaminanschluß für den Wasserkessel. Man sollte einen mehrschläuchigen Kamin planen, um sowohl die Selch als auch die Verarbeitung anschließen zu können und dabei einen Entlüftungsschlauch bis über das Dach vorsehen.
Da beim Schlachten viel Dampf erzeugt wird, muß ein starker Ventilator eingebaut werden.

Fenster

Sie unterstützen mit den Türen die Entlüftung, sorgen für Frischluft und ausreichendes Tageslicht.

Schutz vor Schädlingen

Alle Öffnungen (Fenster, Luft-, Entlüftungsschächte, Gully) müssen mit einem Gitter zum Schutz vor Fliegen, Mäusen und Ratten ausgestattet sein.

Anschlüsse

Ein Kalt- und Warmwasseranschluß mit Wasserschlauch; Elektroanschlüsse in Feuchtraumausführung, entsprechende Anzahl und Stärke der Geräte.
Für Schweine: 1 elektrische Betäubungszange, 1 Brüh- und Enthaarungsmaschine
Für Rinder: 1 Aufzug, 1 Spaltgerät zum Zersägen der Tierhälften
Für Geflügel: 1 Rupfmaschine
Arbeitsplatzbeleuchtung und ein Ventilator.

Einrichtungsgegenstände je nach Tierart

Geflügel: Schlachtgestell, einige Schlachtringe, Blutauffanggefäße, Rupfgerät

Schwein: Betäubungsgerät, Haartrog oder Brüh- und Enthaarungsmaschine, Holzbock zum Nachputzen, Aufhängevorrichtung zum Ausweiden

Rind: Betäubungsgerät, einen Aufzug fürs Ausweiden, ein Spaltgerät zum Spalten der Tiere, eine Rohrbahn zum Transport der Teile

Schlachtbehelfe: Je nach Tierart werden benötigt: Verschiedene Messer, Haken, Hacken, Schabglocke, Ketten, Knochensäge; Gefäße für Blut, Magen, Därme, Borsten, Klauen, Häute.

Abfälle: Für die Tierverwertung, wie Füße, Köpfe und Schlachtabfälle, kommen in gut verschließbare Behälter; sie müssen kühl gelagert werden.

Reinigung des Schlachtraumes, der Einrichtung und der Geräte

Im Schlachtraum werden die schmutzigsten Arbeiten durchgeführt, daher wird für die Reinigung sehr viel Warmwasser mit ausreichendem Druck benötigt. Ein Hochdruckreiniger ist für die gründliche Reinigung und Desinfektion notwendig.

KÜHLRAUM

Gemauerte Kühlräume

Raummaße

Bodenfläche: 8 m^2 reichen für 1 Rind und 2 Schweine
Raumhöhe: 250 bis 260 cm für Schweinehälften und Rinderviertel

Fußböden

Frost- und rutschsichere Verfliesung.

Wände und Decken

Frostsichere Verfliesung oder lebensmittelechter und temperaturbeständiger Anstrich.

Türe

Spezialkühlraumtür, mit Notöffner vom Kühlraum aus zu öffnen. Ein Sichtfenster in der Kühlraumtür ermöglicht die Kontrolle der Thermostate und des Feuchtigkeitsreglers von außen. Doppelte Gummilaschen verschließen das Loch für die Rohrbahn.

Beleuchtung und Belüftung

Eine Deckenleuchte erhellt den Raum. Bei öfterer Benützung erfolgt die Be- und Entlüftung über die Tür, sonst müßten eigene Be- und Entlüftungsrohre eingebaut werden.

Einrichtungsgegenstände

Die *Kühlmaschine* wird in einem Nebenraum montiert. *Kühlrohre* sind unter der Decke angebracht. *Auffangrinne* mit einer Abflußleitung nach außen für das Kondenswasser unter den Kühlrohren montieren.
Fleischhaken an der Wand, *Rohrbahn* an der Decke, *Stellage* und *Stapelgefäße.*

Kühlraumzellen

Vorteile

- Die Elemente können dem Raum angepaßt werden;
- sind rasch aufgestellt;
- vor der Anschaffung Preisvergleiche anstellen!

VERARBEITUNGSRAUM

Raummaße

Wird im Raum ausschließlich Fleisch verarbeitet, genügt eine quadratische Grundfläche von 20 bis 25 m^2 mit einer Raumhöhe von 260 bis 320 cm.

Anforderungen an den Raum

- guter baulicher Zustand;
- leicht sauberzuhalten;
- gut ent- und belüftbar, eventuell mit Dampfabzug und Entlüftungsschacht;
- genügend erweiterungsfähige Anschlüsse für Wasser (Abwasch, Handwaschbecken, Kochgerät) und für Strom (Beleuchtung, Arbeitsgeräte, ev. Kraftstrom vorsehen);
- Kaminanschlüsse für Holz- oder Gasfeuerung, zum Wasserbereiten, Kochen und Selchen;
- für Tiere (Hunde, Katzen usw.) nicht zugänglich;
- frei von Insekten und tierischen Schädlingen;
- kein Aufbewahrungsort für zweckfremde Dinge;
- es dürfen nur Arbeitsgeräte und Kettenschürzen darin aufbewahrt werden.

Fußboden

- wasserundurchlässig
- rutschsicher
- geruchssicherer Gully
- im Abfluß einen Fettabscheider einbauen

Wände und Decke

- glatt, hellfarbig; bis zu einer Höhe von 2 m abwaschbar;
- der Übergang von Wand zum Boden mit Hohlkehle ausgestattet (leichtere Reinigung);
- Wand und Decke kalken und in guten Zustand versetzen (der Anstrich darf weder abblättern noch schimmeln);
- eine Rohrbahn an der Decke montieren; das erleichtert die Arbeit.

Türe

- Breite 110 cm (für alle Geräte durchgängig)
- korrosionsbeständig und leicht abwaschbar
- ohne Türschwellen

Beleuchtung und Belüftung

- ausreichende Arbeitsplatz- und Raumbeleuchtung sowohl mit Tages- als auch mit Kunstlicht; Raumbeleuchtung mindestens 120 lux; Arbeitsplatzbeleuchtung 220–400 lux; Fleischuntersuchungsbeleuchtung 540 lux;
- auf schatten- und blendungsfreie Arbeitsplatzbeleuchtung achten;
- auf Raumgröße abgestimmte Ent- und Belüftung, z. B. Ventilator mit Schutz vor dem Eindringen von Schädlingen;
- der Elektromeister rechnet den entsprechenden Bedarf an Glühbirnen oder Leuchtstoffröhren aus.

Wasser

- Trinkwasserqualität
- Warmwasser von 85° C

Strom

Anschlüsse für folgende Arbeitsgeräte: Rinderknochensäge, Wolfgerät, Knetmaschine, Wurststopfgerät, Brühkessel, Warmwassergerät, Ventilator, Raum- und Arbeitsbeleuchtung.
Bei den Elektroanschlüssen die Querschnitte nicht zu klein wählen, damit bei Bedarf auch Gewerbegeräte angeschlossen werden können.

Einrichtungsgegenstände

Maschinen

Sie können ausgeführt sein als
- Handgeräte (z. B. Schneiden, Füllgeräte)
- Zusatzgeräte für Küchenmaschinen
- Spezialgeräte (z. B. Fleischwolf, Speckschneider, Knet- und Füllgerät und Brühgerät)

Arbeitstisch

- 200 bis 300 x 90 x 90 bis 95 cm aus Nirosta, Kunststoff oder Aluminium, mit einer 2-cm-Leiste an der Vorderseite, um das Abrutschen von Gegenständen oder Fleischstücken zu vermeiden.
- Oberflächen müssen glatt, riß-, spaltenfrei und leicht zu reinigen sein.
- Für Geflügel ist der Arbeitstisch mit drei einhängbaren Behältern zum Ablegen der Innereien auszustatten.

Hackstock

Kann aus Holz sein; sobald jedoch Rillen erscheinen, muß er gehobelt werden.

Arbeitsbehelfe

- eine Waage auf dem Tisch oder an der Wand montiert;
- mindestens 1 Schöpfer, 1 Kochlöffel, verschiedene Messer in einer Messerhalterung an der Wand (sie hilft, Ordnung zu halten und vermindert die Gefahr von Verletzungen);
- Stapelbehälter aus Kunststoff oder Nirosta zum händischen Durchmischen des Wurstbrätes;
- 1 bis 2 Kunststoffschneidbretter;
- Pökelbehälter aus Kunststoff, Holz oder Nirosta mit Ablaßöffnung;
- mehrere Wasserwannen zum Geflügelwaschen;
- verschiedene Fleischhaken;
- Fleischhacke zum Einhacken der Knochen;
- Behälter für Gewürze;
- Hilfsmittel (Därme, Verpackungsmittel).

Beispiel eines Fleischverarbeitungsraumes

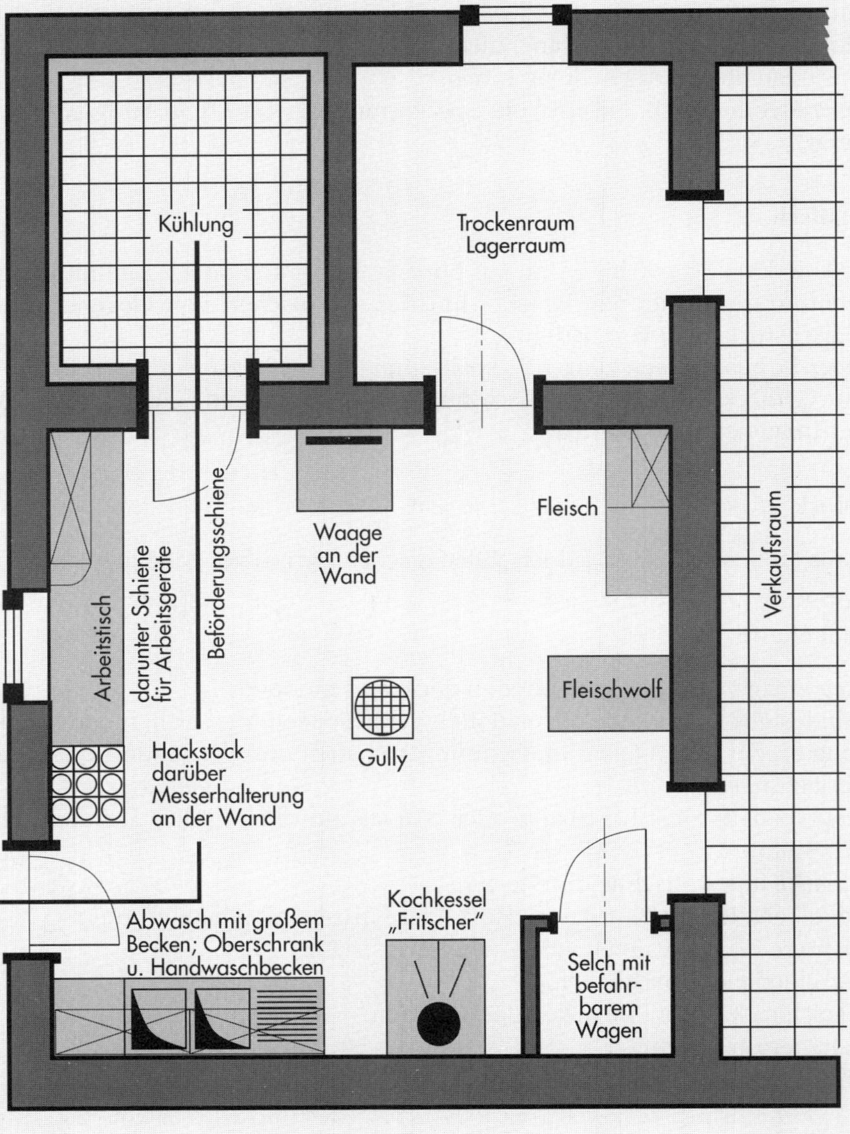

Handwaschbecken

- Mischbatterie mit Kalt- und Warmwasseranschluß und Fußhebelbedienung zur Entnahme;
- Flüssigseifen-, Desinfektionsmittel- und Papierhandtuchbehälter an der Wand montiert.

Abwaschbecken

- Mit Warm- und Kaltwasseranschluß

SELCHVORRICHTUNGEN

Gemauerte Selchräume

Die Bauordnungen der einzelnen Bundesländer sind zu beachten!
Die Bodenfläche muß mindestens 3 m^2 betragen.
Bei kleinen Räumen kann sich die Feuerstelle unter dem Selchgut oder außerhalb des Selchraumes befinden. Die Sägespäne werden in einer abgedeckten Lade verräuchert.
Bei großen Selchräumen ist die Entfernung vom Feuer zum Selchgut groß, der Rauchweg lang. Rußpartikel legen sich an den Wänden an, wodurch die Selchwaren eine schöne helle Farbe bekommen.
Die Temperatur bleibt gleichmäßig und hält lang an. Der gemauerte Selchraum kann zur Trocknung und Aufbewahrung für Fleischwaren genützt werden.

Türe

Sie muß brandbeständig sein; ihre Größe ist auf den Einschubwagen oder -korb abzustimmen.

Kamin

Ein isolierter Kamin erleichtert das Anfeuern. Der Rauchabzug und die Luftzufuhr müssen regulierbar sein.

Boden

Betonboden.

Feuerstelle

Sie kann inner- oder außerhalb des Selchraumes sein. Ist die Feuerung unter dem Selchgut (z. B. Lade, Grube), muß sie mit einem Metallgitter und Ziegelsteinen abgedeckt werden.

Die Abdeckung hat folgende Vorteile: Die Brandgefahr wird bei Überhitzung gehemmt (Fetttropfen fallen nicht in die Glut). Beim Anfeuern lagert sich der kalte Ruß an den Ziegeln und nicht am Pökelgut ab.
Die Feuerstelle muß eine ausreichende Frischluftzufuhr erhalten (Schlitz oder Kanal). Befindet sie sich außerhalb der Selch, muß die Rauchführung (z. B. Kanal) so angelegt werden, daß die Rauchgase das gesamte Pökelgut erreichen.

Einrichtung

Eine große Arbeitserleichterung bringen einschiebbare Eisenwagen (Selchwagen), auf denen das Selchgut ohne Umhängen von der Erzeugung bis zur Lagerung transportiert werden kann.
Sind keine Selchwagen vorhanden, müssen Schienen an den Wänden zum Einhängen der Selchwaren angebracht werden.

Selchwagen

Selchwagen

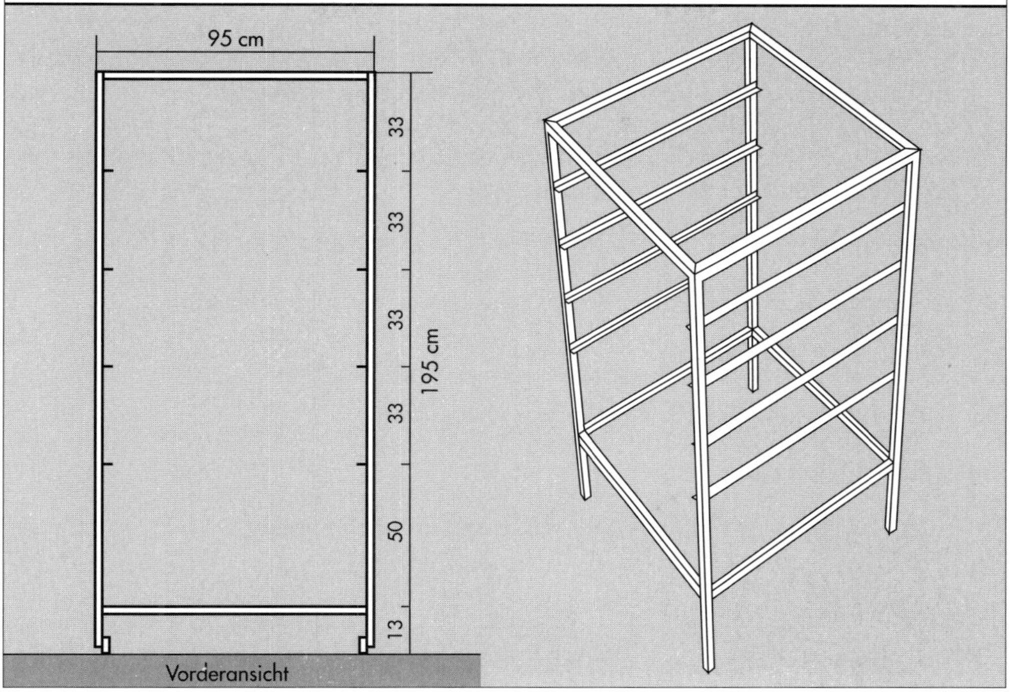

Schrank- und Kastenselch

Können in Schrank- oder Kastenform ausgeführt sein. In ihnen werden rasch hohe Temperaturen erreicht; sie kühlen aber auch rasch ab.
Ausführung, Ausrüstung und Fassungsvermögen sind sehr unterschiedlich.
Bei Gewerbegeräten lassen sich die Selchtemperaturen beliebig einstellen. Es sind auch Selch- und Brühkombinationen verschiedener Fabrikate auf dem Markt.

REIFUNGS-, TROCKNUNGS- UND LAGERRÄUME

Spezielle Reifungsräume, in denen das jeweilig gewünschte Raumklima vollautomatisch geregelt wird, so daß man auch im Sommer Rohwürste mit Belägen erzeugen kann, sind in Bauernhäusern wegen der hohen Investitionskosten selten anzutreffen. Im bäuerlichen Bereich erfolgt die Reifung und Trocknung oft in verschiedenen Räumen (z. B. Selch, Keller, Speis, Vorrats- und Trockenraum).

Ein gutes Raumklima wird erreicht durch

- nordseitige Lage;
- gebrannten Ziegelboden;
- gut isolierte Wände und Decken aus Holz oder Ziegeln mit Kalkputz und Kalkanstrich. Holz, Ziegel und Kalkmörtel speichern die überschüssige Luftfeuchtigkeit und geben sie bei Bedarf wieder an den Raum ab;
- Betonwände erzeugen ein zu trockenes Raumklima, wodurch Reifungs- und Trocknungsfehler entstehen können.

Fenster

müssen einbruch-, mäuse- und insektensicher sowie verdunkelbar sein.

Tür

Die Türbreite ist auf die Selchwagenbreite abzustimmen.

Ent- und Belüftung

Ein guter Trockenraum hat die kühle Frischluftzufuhr in Bodennähe, die bis über das

Ent- und Belüftung eines Reifungs- und Trocknungsraumes

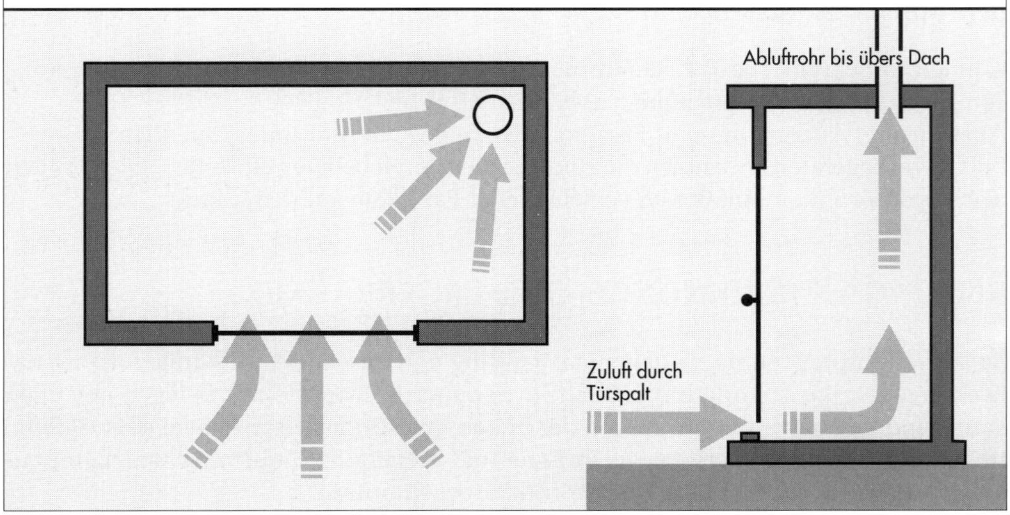

Dach geführte Luftabfuhr diagonal dazu in Deckennähe. Die Öffnungen müssen regulierbar, mäuse- und insektensicher sein.

Einrichtung

Entweder Eisengestelle (z. B. an der Decke), in denen die Holzstangen mit Fleischwaren eingehängt werden, oder fahrbare Eisenwagen (Selchwagen).

VERKAUFSRAUM

Werden Erzeugnisse regelmäßig ab Hof verkauft, muß ein Verkaufsraum vorhanden sein. Man kann ihn für den Verkauf bestimmter Warengruppen (z. B. Fisch, Geflügel) oder gemischter Waren einrichten.

Vorteile eines Verkaufsraumes

- Der Kunde sieht das vielfältige Warenangebot.
- Die Waren können entsprechend präsentiert werden, was den Einkauf erleichtert.
- Der Kunde betritt nur einen Raum des Hofes.
- Ein Raum ist leichter sauber zu halten als mehrere.
- Der Verkaufsraum kann ein guter Werbeträger sein.

Anforderungen an den Verkaufsraum

- Die Größe des Verkaufsraumes hängt von der Menge und der Art der verkauften Produkte ab.
- Hinweistafeln, auf denen auch die Öffnungszeiten stehen, zeigen den Weg zum Verkaufsraum.
- Der Weg vor dem Verkaufsraum muß befestigt sein.
- Der Verkaufsraum muß in einem tadellosen Zustand sowie gut be- und entlüftbar sein.
- Für den Verkauf von Fleischprodukten, Fisch und Geflügel sollten die Wände verfliest sein.
- Eine für den Kunden gut lesbare Preistafel im Verkaufsraum aufstellen oder aufhängen.
- Fotos von der Erzeugung der Fleischprodukte, einzelner Fleischteile und deren Verwendung in der Küche verschönern den Raum und geben den Kunden wertvolle Informationen.

Beispiel eines Fleischverkaufsraumes

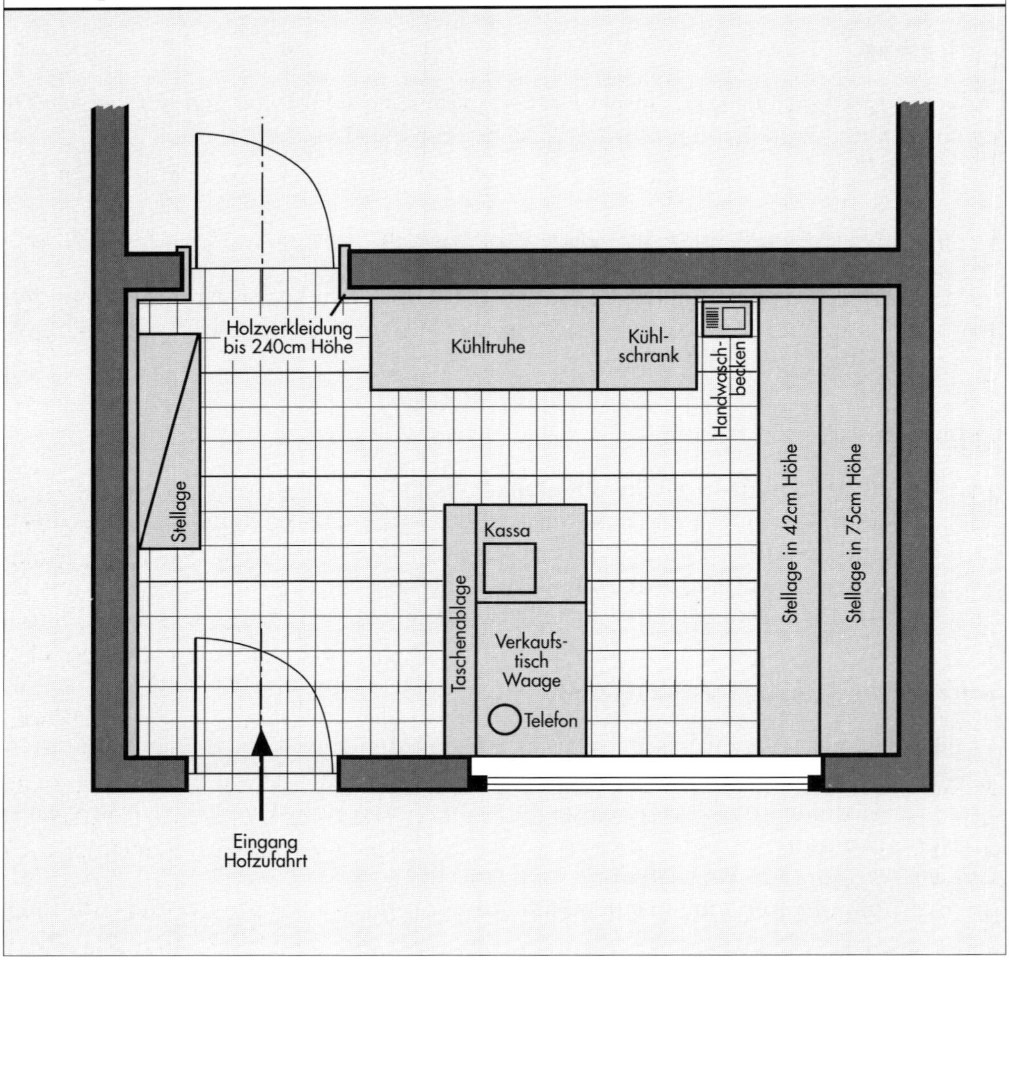

Beleuchtung

- Für genügend Tages- und Kunstlicht sorgen!
- Die Arbeitsplätze mit schattenfreier Beleuchtung ausstatten!

Einrichtung

- an der Wand montierte rostfreie Metallschiene für das Aufhängen der Dauerwaren;
- Wandregale für andere Lebensmittel;
- Regale für Verpackungsmaterial;
- Messerhalterung an der Wand für mehrere Messer;
- 1 bis 2 Schneidbretter aus Kunststoff;
- Verkaufstisch (200 bis 300 cm x 60 x 80–90 cm) für das Zurichten, Verpacken und Abwiegen;
- Kassatisch sollte aus hygienischen Gründen nicht mit dem Verkaufstisch verbunden sein;
- Handwaschbecken (mit Seifenspender, Papierhandtüchern, Desinfektionsmitteln) wird dringend benötigt, denn nach dem Umgang mit Geld sind die Hände stets zu reinigen!

Kühlung

Wenn der Verkaufsraum nicht unmittelbar an den Verarbeitungsraum angrenzt, müssen empfindliche Lebensmittel (Frischfleisch, Kochwürste, Milchprodukte usw.), im Verkaufsraum in einem Kühlgerät aufbewahrt sein (Standgerät oder Kühlvitrine), damit Schritte erspart werden.
Die Kühlvitrine hat den Vorteil, daß die Waren übersichtlich geordnet präsentiert werden können. Geflügel und Fleisch müssen so gelagert werden, daß sie mit anderen Lebensmitteln nicht in Berührung kommen.
Überladene Kühlvitrinen regen nicht zum Kauf an, wohl aber angeschnittene Wurst- und Fleischstücke.
Bei der Direktvermarktung wird der Umfang der Produktion größer. Um Arbeitszeit zu sparen, Qualität zu erzeugen und die Gesundheit der Arbeitskraft zu erhalten, müssen arbeitserleichternde Geräte angeschafft und Arbeitsräume neu geschaffen oder entsprechend eingerichtet werden.
Im Falle einer Erweiterung oder Spezialisierung sind möglicherweise die Anschlußwerte zu erhöhen, Stellflächen zu vergrößern sowie andere Geräte anzuschaffen. Viele Geräte (z. B. Schöpfer, Messer) sind schon für die Mindestausstattung notwendig und bleiben von der Anzahl und Ausführung her bei einer Spezialisierung gleich.
Die folgende Aufstellung soll helfen, notwendige Änderungen festzuhalten:

Ausstattung von Räumen mit Geräten für die Hausschlachtung und Direktvermarktung

	mindestens wie bei der Hausschlachtung	bei Produktionsausweitung und Spezialisierung
Schlachten		
Platz oder Raum	eine betonierte überdachte Fläche im Freien	Schlachtraum
Einrichtung	Wasserkessel Haartrog Schragen Holzbock	Brüh- und Enthaarungsmaschine Abflammgerät Holzbock Rohrbahn
Arbeitsgeräte	Bolzenschußapparat 2 Eimer zum Wassertragen 1 Schöpfgefäß mit Stiel 1 170 cm lange Haarkette 1 Schabeglocke	Betäubungszange

1 Stichmesser
1 Fleischmesser
1 Knochensäge oder Fleischhacke
mehrere Fleischhaken für Innereien
1 Schneerute zum Blutrühren
Gefäße für Blut und Gedärme

Kühlen		
Raum	Keller, Speis, usw. im Winter	Kühlraum
Einrichtung	Holzschragen oder Metallhaken an der Wand	Metallhaken an der Wand
Verarbeiten		
Raum	Wirtschaftsraum oder auf mehrere Räume aufgeteilt (Speis, Küche, usw.)	Wirtschaftsraum oder ein eigener Fleischverarbeitungsraum

	Hausschlachtung	**Spezialisierung**
Einrichtung	Arbeitstisch, Wolfgerät als Hand- oder als Zusatzgerät zur Küchenmaschine	Arbeitstisch Spezialwolf Speckschneider
	Knetwanne	Knetgerät
	Füllrohr zum Handwolfgerät	Wurststopfgerät
	Küchenherd zum Brühen	eigener Herd oder elektrisches Brühgerät
	Abwasch Hackstock	
		Handwaschbecken
	Waage	
Arbeitsgeräte	1 bis 2 Beinlmesser 1 Rippenlöser 1 bis 2 Fleischmesser 1 Streicher 1 Knochensäge, 40 cm lang, oder Fleischhacke 1 Messerschleifgerät 1 bis 2 Schöpfer 1 bis 2 Kochlöffel 1 Knoblauchpresse 1 Stichthermometer 1 bis 2 Kunststoffschneidbretter Mehrere Gefäße in verschiedenen Größen für Fleischabschnitte, Wurstbrät, Knochen, Zwiebel, Knoblauch 1 Rein zum Fett zerlassen, Zwiebel rösten 1 Auskühlgefäß für Fett	
	Vorratsbehälter für Fett und Grammeln	oder Spezialsäckchen zum Verkauf
	mehrere Töpfe zum Brühen	Brühgerät
Einfrieren	1 Gefriergerät	

<table>
<tr><th></th><th>Hausschlachtung</th><th>Spezialisierung</th></tr>
<tr><td colspan="3">Pökeln</td></tr>
<tr><td>Raum</td><td>im Wirtschaftsraum, Speis</td><td>Kühlraum</td></tr>
<tr><td>Einrichtung</td><td>1 Pökelfaß mit Deckel und Gewicht</td><td>1 bis mehrere Pökelfässer mit Deckel</td></tr>
<tr><td></td><td colspan="2">oder Tische
Raumthermometer
1 Kochgefäß für Lake
1 Gefäß für Salz und Gewürze</td></tr>
<tr><td colspan="3">Selchen</td></tr>
<tr><td>Raum</td><td>Schrank oder Raum</td><td>Selchraum</td></tr>
<tr><td>Einrichtung</td><td>Eisenschiene an der Wand zum Einhängen der Holzstangen</td><td>1 bis 2 Selchwagen</td></tr>
<tr><td colspan="3">Reifen und Trocknen</td></tr>
<tr><td>Raum</td><td colspan="2">oft über mehrere Räume verteilt</td></tr>
<tr><td></td><td></td><td>Spezielle Klimaanlage</td></tr>
<tr><td>Einrichtung</td><td>Aufhängung an der Decke (Fleischhimmel)</td><td>Eisenwagen für Fleisch</td></tr>
<tr><td>Meßgeräte</td><td colspan="2">Raumthermometer
Hygrometer (mißt die Feuchtigkeit)
Psychrometer (Be- und Entfeuchtungsmesser in Klimaanlagen)
Anemometer (Luftgeschwindigkeitsmeßgerät)</td></tr>
</table>

REINIGUNG VON VERARBEITUNGSRÄUMEN UND -GERÄTEN

- Eiweiß und Fettreste in 65gradiger Sodalauge mit Bürste entfernen und mit viel klarem Wasser nachspülen.
- Eiweiß und Fett verbindet sich mit dem Kalk des Wassers zu einer schwer zu entfernenden Schicht. Die graubraune Masse bildet eine Brutstätte für viele Bakterien und ist mit Säuren zu entfernen (Essig-, Zitronensäure). Sie schädigen allerdings den Fugenmörtel der Verfliesung und machen die Gummiringe porös.
- Das Naßwerden der Raumdecken muß verhindert werden, denn auch dort können sich Keime (Schimmel, Hefen) ansiedeln.
- Vor jeder Desinfektion gründlich reinigen. Räume und Geräte, die längere Zeit nicht in Gebrauch waren, sind vor der Inbetriebnahme zu desinfizieren, aber auch während des Betriebes sind regelmäßige Desinfektionen notwendig.

DAS SCHLACHTEN UND ZERTEILEN DER TIERE

DAS EIGENTLICHE SCHLACHTEN UND AUSWEIDEN

Um schonend und rationell zu schlachten, sind ein gut ausgestatteter Schlachtraum und ein Schußapparat oder eine Zange erforderlich.
Zuerst wird das Tier mittels Bolzenschußapparat (bei Großtieren und Zuchtsauen) bzw. mittels Elektrozange (bei Schweinen) betäubt. Zweck des gemäß den Tierschutzbestimmungen geforderten Betäubens ist das Schmerzfreimachen und die leichtere Handhabung der Tiere.
Richtiges Betäuben bringt eine gute Fleischqualität. Der zeitliche Abstand zwischen Betäuben und Stechen darf nicht zu lange sein (ideal sind 10 bis 15 Sekunden).
Blutunterlaufenes Fleisch kann durch Verletzungen beim Viehtrieb oder durch mangelhaftes Betäuben entstehen.

Töten bzw. Stechen der Tiere

Das Stechen soll nach Möglichkeit im Hängen oder Liegen erfolgen.
Damit die Tiere besser ausbluten und leichter an ihnen gearbeitet werden kann, sollten die betäubten Tiere zum Stechen aufgehängt werden. Dazu ist ein Aufzug notwendig. Wird das Tier nach dem Betäuben bewegt, können wertvolle Fleischteile verletzt werden.
Beim Stechen im Liegen ist diese Gefahr geringer, andererseits kann es zu falschen Einstichen kommen.

Stecharten

- Halsbruststich (= Saustich): Schweine, Rinder, Pferde.
- Aderschnitt (Aufschlitzen der Schlagader): Rinder, Pferde.
- Halsstich (= Durchstechen des Kehlkopfes): Schafe, Ziegen, Kälber.

Häuten und Ausweiden (Rinder, Kälber)

Vorder- und Hinterfüße abtrennen, die Hörner einhacken und, vom Kinn beginnend, bis zum After abhäuten. Dabei beginnt man bei den Klauenrändern und schneidet bis zur Mittellinie vor. Das weitere Abziehen erfolgt mit dem Häutemesser. Männliche Geschlechtsteile und Euter werden entfernt. Beim Ausweiden entfernt man zuerst das Bauch- und dann das Brusteingeweide. Das Schambein wird gespalten; dazu verwendet man eine Säge, eine Hacke oder eine Kliebpraxe. Danach werden die Eingeweide, vom After beginnend, gelöst und herausgenommen.
Achtung auf die Gallenblase!
Schließlich werden die Brusteingeweide herausgenommen.

Brühen (Schweine)

Das Schwein wird gebrüht, enthaart und 4 Minuten lang in 65gradiges Wasser eingelegt. Dabei gerinnen die oberen Hautschichten, die Borsten werden gelockert. Erfolgt das Enthaaren per Hand, muß das Schwein vorher mit Kolophonium (Saupech) eingestreut werden.
Nach dem Brühen werden die Klauen entfernt, die restlichen Borsten mit einer Gasflamme abgebrannt bzw. mit einem Messer abgeschabt und mit Wasser gereinigt. Schließlich werden die äußeren Gehörgänge und Augen entfernt und nochmals mit kaltem Wasser nachgereinigt (geduscht).
Soweit möglich, Schlundstöpsel beim Brühen hineinstecken (Vorschlag: auch Stichwunde und After verschließen).

Aufbrechen

Bauch öffnen, Därme und Harnblase ohne Verletzung des Verdauungsapparates entfernen. Trennung des Brustbeines, Entfernung der restlichen Innereien.

Für die Beschau

Der Schlachtkörper und seine Innereien müssen gemeinsam beschaut werden.

Blutgewinnung

Sobald Blut mit Luftsauerstoff zusammenkommt, bildet sich sogenanntes „Fibrinogen". Das Blut stockt. Da derartiges Blut für Blutwurst und andere Erzeugnisse ungeeignet ist, muß das Stocken unterbunden werden. Zum Beispiel durch

- Rühren und Entfernung fester Teile;
- Zusatz calciumbindender Substanzen: Citrate, Phosphate, Oxalat.

BEHANDLUNG DES SCHLACHTKÖRPERS

Nach dem Schlachtvorgang muß der bereits in Hälften vorhandene Tierkörper gekühlt werden.
Er wird sofort in den Kühlraum gebracht und von Anfang an bei Temperaturen von 0 bis maximal 2° C gekühlt. Die optimale Temperatur von Lagerkühlräumen für Fleisch ist –1 bis +2° C. Eine geringe Luftbewegung sollte vorhanden sein (0,1 bis max. 0,3 m/sec). Luftstauungen zwischen den Schlachtkörpern sind zu vermeiden.
Optimal sind 90 bis max. 95% relative Luftfeuchtigkeit. Ist die Luftfeuchtigkeit zu gering, trocknet das Fleisch an der Oberfläche aus und wird unansehnlich. Ist sie zu hoch

(über 95–100% relative Luftfeuchtigkeit), bilden sich an der Fleischoberfläche Schmierbeläge. Das Fleisch verdirbt durch Oberflächenwachstum von Verderbniskeimen.
Auf entsprechende Regeleinrichtungen ist daher bereits beim Bau eines Kühlraumes zu achten.

Probleme bei der Kühlung

Bei Überbeschickung ist meist die Aggregatkapazität zu klein, d. h. die Kälteleistung des Aggregates reicht nicht mehr aus, um die gesamte Fleischmenge zu kühlen. Es bildet sich am Verdampfer Eis, das den Kälteübergang blockiert und somit die Leistung des Aggregates noch mehr verringert.
Ist der Kühlraum unterbeschickt, so entzieht der Verdampfer der Luft zuviel Wasser, bzw. es sind zuwenig Tierkörper vorhanden, um genug Feuchtigkeit an die Luft abzugeben. Es wird eine zusätzliche Befeuchtung der Luft notwendig, da sonst eine zu geringe Luftfeuchtigkeit im Kühlraum herrschen würde.
Probleme ergeben sich auch, wenn die Kühlaggregate im Vergleich zur Raumgröße bzw. Kühlfläche zu schwach ausgelegt sind. Die dann notwendige größere Temperaturdifferenz zwischen Raumluft und Verdampfertemperatur führt zum intensiveren Feuchtigkeitsentzug der Luft. Das bedeutet, daß die gekühlt abgegebene Luft zu trocken ist. Eine Befeuchtung ist dann unerläßlich, oder zu starke Abtrocknung der Fleischoberfläche ist die Folge.
Das Endprodukt soll ein gut durchgekühltes, an der Oberfläche trockenes, jedoch nicht ausgetrocknetes Fleisch sein.

Bedeutung der Fleischreifung

Beim Eintritt des Todes muß in den Zellen genügend Glycogen (Muskelzucker) vorhanden sein.
Voraussetzungen dafür sind:
- eine kohlehydratreiche Fütterung in den letzten Wochen und am Schlachttag;
- ein streßfreies Töten.

Kurz nach dem Schlachtvorgang setzen im Fleisch Abbauprozesse ein, wobei das Glycogen zu Milchsäure abgebaut wird; dabei entsteht die Totenstarre.
Die Milchsäure im Fleisch verbessert den Geschmack und die Haltbarkeit, da sich die Fäulnisbakterien in saurem Milieu schlecht vermehren können. Das Gelingen von Rohwürsten und Pökelwaren hängt auch vom Milchsäuregehalt des Fleisches ab.
Bei gestreßten Schweinen und falscher Kühlung kann der Abbauprozeß überstürzt erfolgen; dabei werden die Muskelzellen zerstört, und der Fleischsaft tritt aus. Derartiges Fleisch wird als PSE-Fleisch bezeichnet. Der pH-Wert ist nach einer Stunde von 5,9

bis 6,2 bei der Schlachtung auf 5,2 bis 5,4 gesunken.
Befindet sich zuwenig Glycogen in den Muskelzellen (z. B. falsche Fütterung bei alten Kühen und Sauen), kann sich zuwenig Milchsäure bilden, und die Totenstarre tritt mangelhaft ein. Solches Fleisch wird DFD-Fleisch genannt; es ist verderbnisanfällig, da der pH-Wert nicht tief genug absinken kann. Eine stabile Haltbarkeit ist dadurch nicht gewährleistet.

Langsame Abkühlung bei Rindern

Das schlachtwarme Rindfleisch soll in 10 Stunden nicht unter 10° C gekühlt werden, daher soll das Fleisch am Anfang einige Stunden bei Raumtemperatur hängen und danach rasch im Kühlraum abkühlen.
Zu niedrige Anfangstemperaturen verkürzen die Muskelfasern. Dadurch wird das Fleisch zäh und verliert mehr Fleischsaft.
Nach dem Eintritt der Totenstarre entwickelt das Fleisch eine spezifische Reifungsflora, die zusammen mit dem tiefen pH-Wert und fleischeigenen Enzymen die Totenstarre lösen und eine Fleischreifung hervorrufen. Auch diese Vorgänge laufen genauso wie die vorher beschriebenen, von Tierart zu Tierart in folgender Reihenfolge verschieden lang ab:

Geflügelfleisch:	einige Stunden
Schweinefleisch:	1–3 Tage
Schaffleisch:	3–5 Tage
Kaninchenfleisch:	3–5 Tage
Kalbfleisch:	mindestens 7 Tage
Rindfleisch:	7–14 Tage

Das ist der Grund, weshalb eine gute Fleischqualität auch eine entsprechend lange Lager- bzw. Reifezeit benötigt. Bei Rindfleisch beträgt diese Zeit mindestens 10 bis 14 Tage! Gerade die Reifezeit hat den größten Einfluß auf ein zartes, saftiges, wohlschmeckendes und appetitlich aussehendes Fleisch.
Freilich sind bei dieser langen Reifezeit nicht zu übersehende Gewichtsverluste vorhanden (2–4%), doch kann der Konsument nur durch eine optimale Fleischqualität zum Kauf bewogen werden. Dieser Verlust könnte durch einen etwas höheren Preis wieder abgedeckt werden, denn in Zukunft wird nicht die Quantität tonangebend sein, sondern die Qualität.

Das Fleischuntersuchungsrecht

Wann ist bei der Hausschlachtung eine Fleischbeschau gesetzlich vorgeschrieben? Was muß dabei berücksichtigt werden?

Unser größtes Interesse muß darin liegen, daß für den menschlichen Genuß wirklich nur gesunde Produkte verwendet werden. Dazu gehört auch eine Kontrolle bei der Hausschlachtung, damit große gesundheitliche Schäden erspart bleiben.
Für die Fleischuntersuchung hat der Gesetzgeber Unterschiede festgehalten:

Hausschlachtung für den Eigenverbrauch

Bei der Schlachtung für den Eigenverbrauch sind Kalb, Schwein, Schaf und Ziege von der Fleischbeschau ausgenommen. Für das Rind (mehr als 220 kg Lebendgewicht) ist eine Fleischuntersuchung vorgeschrieben.

Lebendtierbeschau

Sie erfolgt vor der Schlachtung durch den zuständigen Fleischbeschautierarzt der jeweiligen Gemeinde auf sichtbare Erkrankungen.

Fleischuntersuchungsrecht

Nach der Schlachtung ist der zuständige Fleischuntersuchungstierarzt nochmals zu verständigen. Folgende Punkte sind zu beachten:

- der Schlachtkörper ist abgehäutet und gespalten;
- der Kopf und sämtliche Innereien (Herz, Lunge, Leber, Nieren, Mägen und Gedärme) sind vorzubereiten;
- ist der Tierkörper tauglich, so wird er an folgenden Teilen beidseitig mit einem runden Stempel gekennzeichnet: Kopf, Hals, Schulter, Brust, Schenkelinnen- und -außenseite, Lende und Zunge;
- für den tauglichen Tierkörper wird ein Fleischuntersuchungsschein ausgestellt.

Muster von Beschaustempeln

Hausschlachtung für Verköstigung oder Vermarktung

In diesem Fall besteht die Fleischbeschaupflicht für alle Tiere. Wie bereits erwähnt, gibt es zunächst eine Lebendtieruntersuchung und, nach der Schlachtung, eine Fleischbeschau.

Die Tiere sind wie folgt vorzubereiten:

Rind:

Gleich wie bei der Schlachtung für den Eigenverbrauch.

Kalb:

Diese Bezeichnung gilt bis zu 220 kg Lebendgewicht. Der Schlachtkörper ist abzuhäuten, er muß aber nicht gespalten werden. Die Innereien (Herz, Lunge, Leber sowie Bauchorgane) sind aus dem Tierkörper zu entfernen. Die Nieren können im Schlachtkörper bleiben. Gekennzeichnet werden beim Kalb die rechte und linke Schulter sowie die rechte und linke Schenkelinnenseite mit einem runden Stempel.

Für Schafe, Ziegen und deren Jungtiere gelten dieselben Kriterien.

Schwein:

Beim Schwein ist der Schlachtkörper auszuweiden und zu spalten. Herz, Lunge, Luftröhre, Schlund sowie Kehlkopf und Zunge sollten im natürlichen Zusammenhang bleiben. Die Bauchorgane sind für die Fleischuntersuchung beim Tierkörper zu belassen. Der taugliche Tierkörper wird mit einem runden und einem viereckigen Stempel an der rechten und linken Schulter sowie an der rechten und linken Schenkelinnenfläche gekennzeichnet.

Für den tauglichen Tierkörper wird wiederum ein Fleischuntersuchungsschein ausgestellt.

ZERTEILEN VERSCHIEDENER SCHLACHTKÖRPER

ZERTEILEN EINER SCHWEINEHÄLFTE

Filz (Schmer) herauslösen: Bei Hausschlachtung sofort nach dem Schlachten – das Fleisch kann besser durchkühlen. In kaltes Wasser legen, der Filz bekommt dadurch eine schöne weiße Farbe.

Niere aus Filz lösen: Einschneiden, Harnstränge entfernen, einwässern.

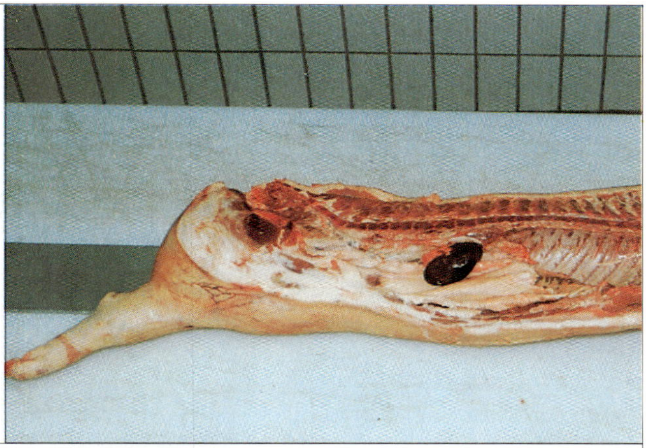

Haxl: Vorderes Haxl abbiegen und genau beim Gelenk abtrennen.

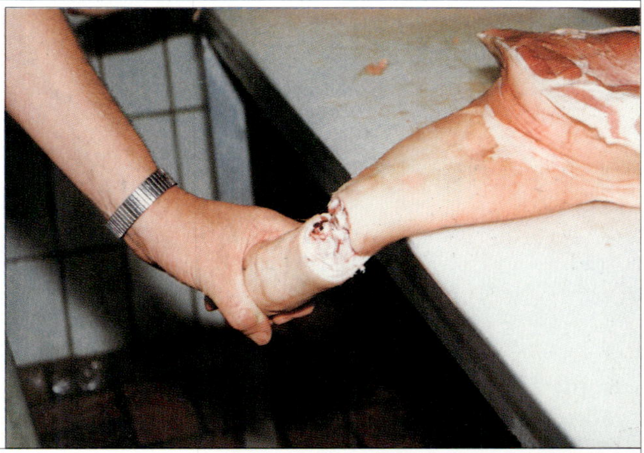

Hinteres Haxl beim Hauptgelenk seitlich mit dem Daumen herunterfahren (Erhöhung – Vertiefung – Erhöhung) – bei der unteren Erhöhung rundherum die Schwarte und die Sehnen durchschneiden und abdrehen.

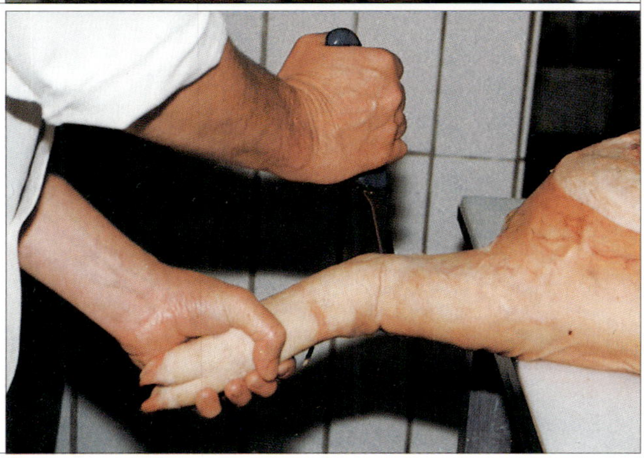

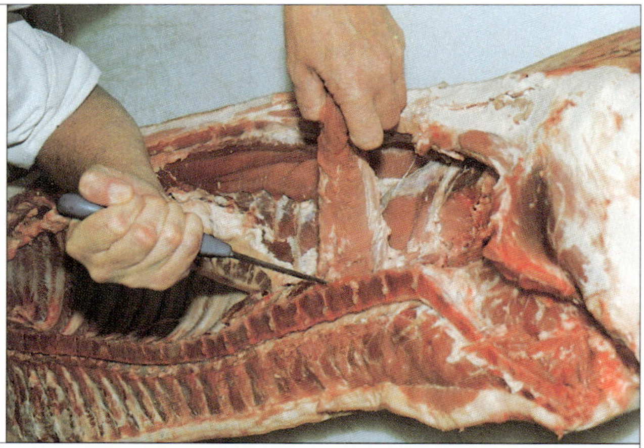

Fischerl: Von hinten beginnend, vorsichtig herauslösen: Fett abziehen – wertvollstes Stück vom Schwein.

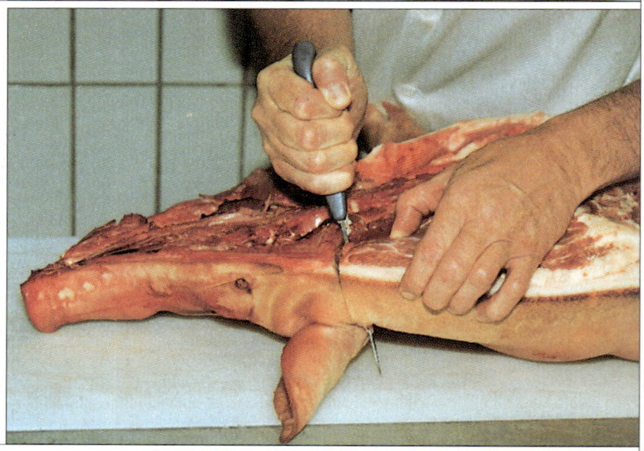

Kopf: Hinter dem Ohr gerade durchschneiden.

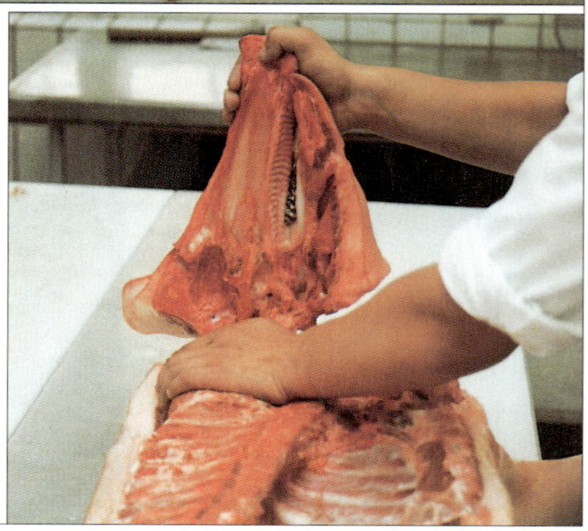

Genick abdrehen.

Schlegel (einschließlich Stelze und Schlußbraten): „Griff" (Fett und mageres Fleisch seitlich des Schlegels) herunterlösen.

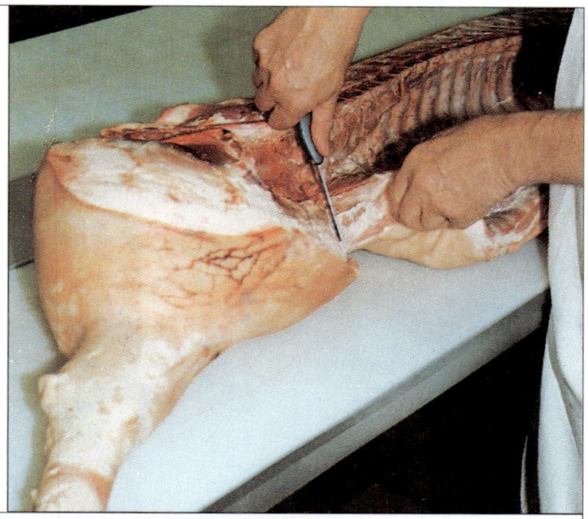

Beim ersten Wirbel nach der Krümmung der Wirbelsäule (Richtung Schopf) durchsägen und mit dem Messer gerade durchschneiden.

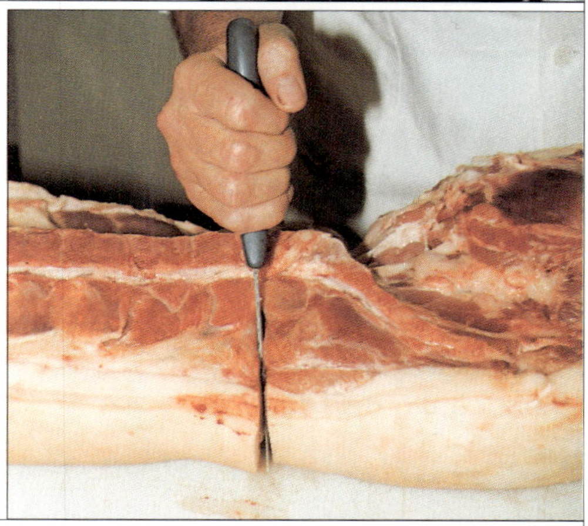

Schulter auslösen: Schweinehälfte umdrehen. Mit dem Messer genau, wo die Stelze aufhört, ca. 2–3 cm tief einen geraden Schnitt (neben dem Schulterblatt) durchführen.

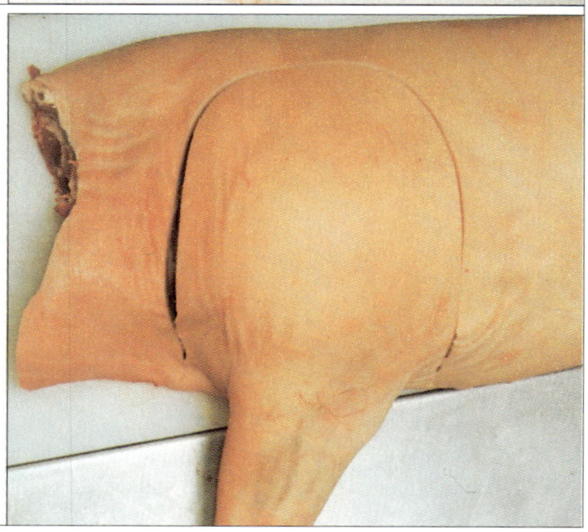

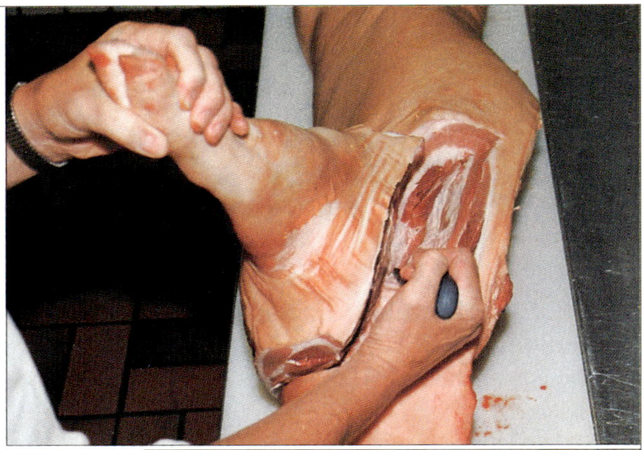

Mit der Hand feststellen, wie dick die Schulter ist. Die Hälfte aufstellen, das Messer parallel zur Stelle in die Schultertasche einführen und die Schulter herausschneiden (dabei das Fleisch vom Schulterblatt ablösen).

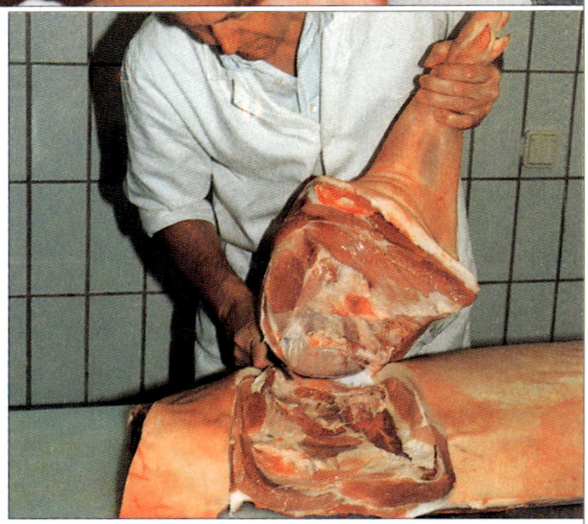

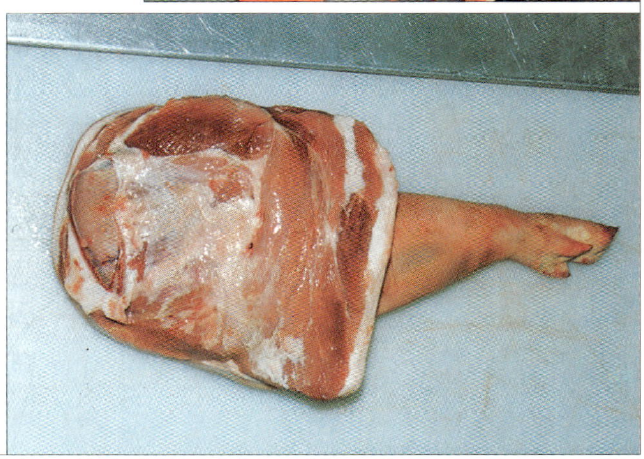

Schopf und Stichfleisch vom Rest der Hälfte trennen: Beim Schulterausschnitt bis zu den Rippen durchschneiden und die Rippen durchsägen.

Schopf und Stichfleisch trennen: Neben der Wirbelsäule mit dem Messer durchschneiden, die Rippen durchsägen.

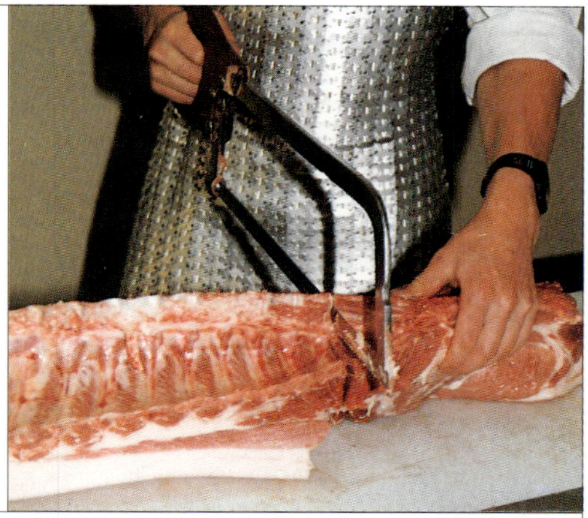

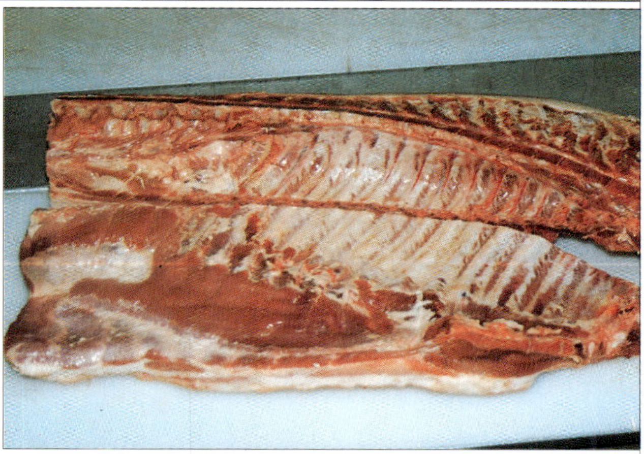

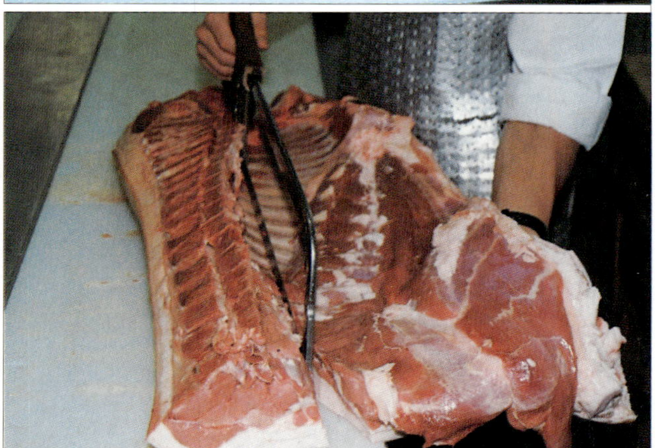

Bauch und Rücken trennen: Je nach Verwendung des Karrees (für Schnitzel näher bei der Wirbelsäule) durchtrennen. Für Schweinsbraten bzw. Koteletts können beim Karree ca. 2 cm vom Bauch dabeibleiben. Die Rippen durchsägen, das Fleisch mit dem Messer durchschneiden.

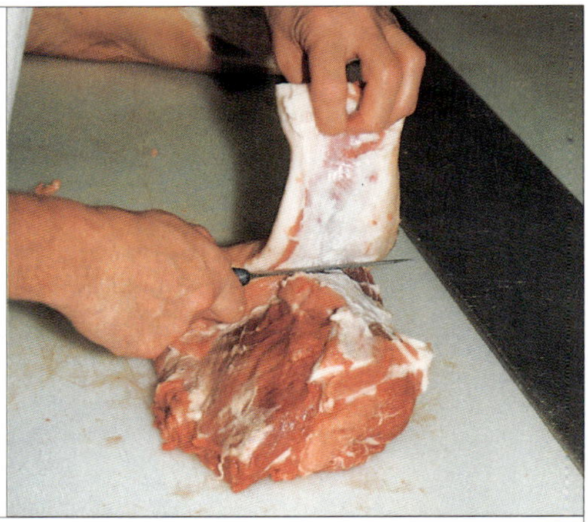

Schopf: Speck mit Schwarte abziehen, Wirbelsäule auslösen, Schopf gleichschneiden.

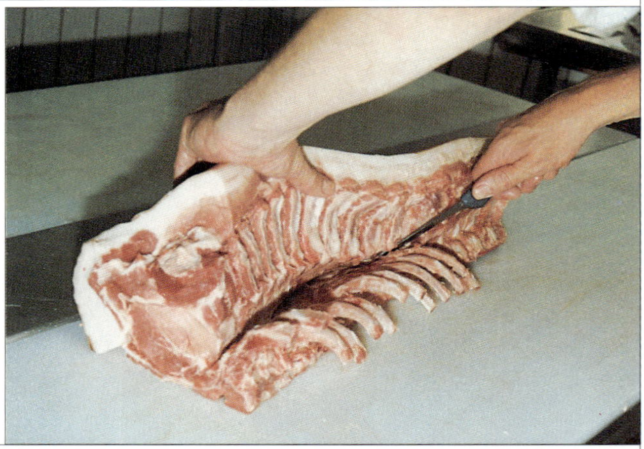

Karree: Kurzes und langes Karree trennen (an der Spitze der letzten langen Rippe).
Wirbelsäule mit Rippen vorsichtig auslösen.

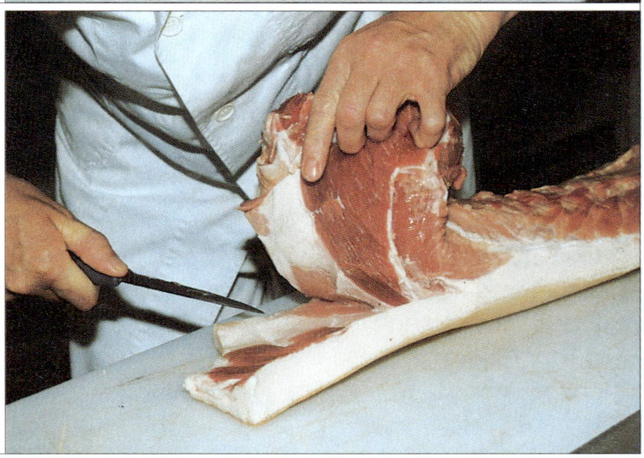

Das Karree vom Speck trennen. Speck mit Schwarte kann eventuell beim Karree bleiben (ist zuviel Speck dabei, kann ein Teil davon mit der Schwarte abgelöst werden).

ZERTEILEN DER EINZELNEN FLEISCHSTÜCKE

Bauchfleisch: Rippen gemeinsam oder einzeln auslösen.

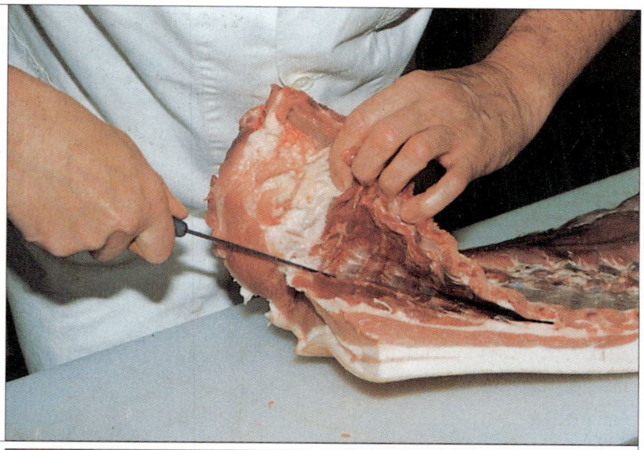

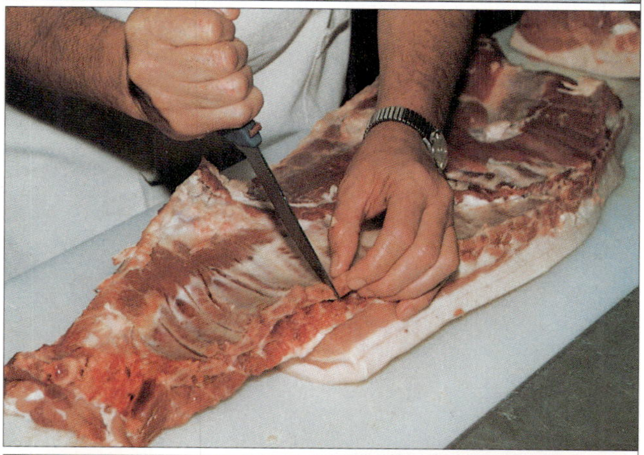

Rippen einzeln auslösen: Rippfell mit Streicher abziehen. Rippen mit Plastik- bzw. Spagatschlinge auslösen, Knorpel herauslösen. Ausgelöstes Stück gleichschneiden oder in 2 Stücke teilen.

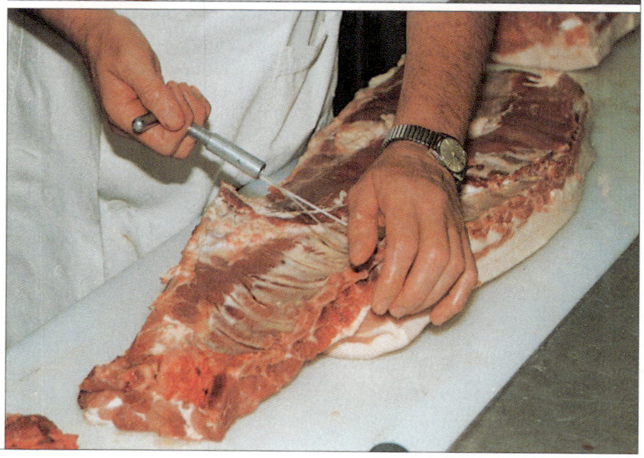

Stichfleisch: Rippen gemeinsam abschneiden, Schwarte mit Speck abziehen, blutiges Fleisch und Drüsen wegschneiden, evtl. mageres Fleisch und Fett trennen.

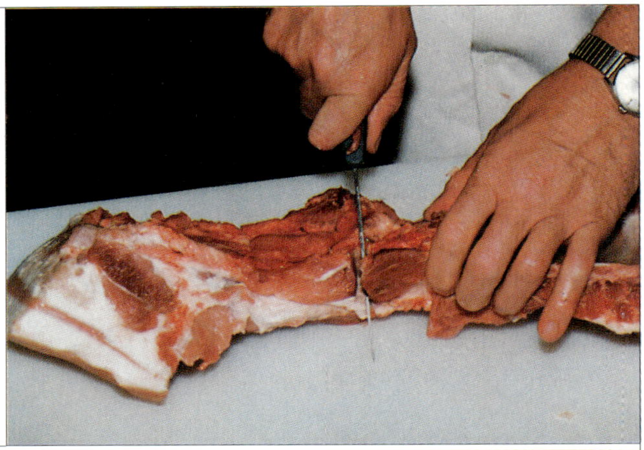

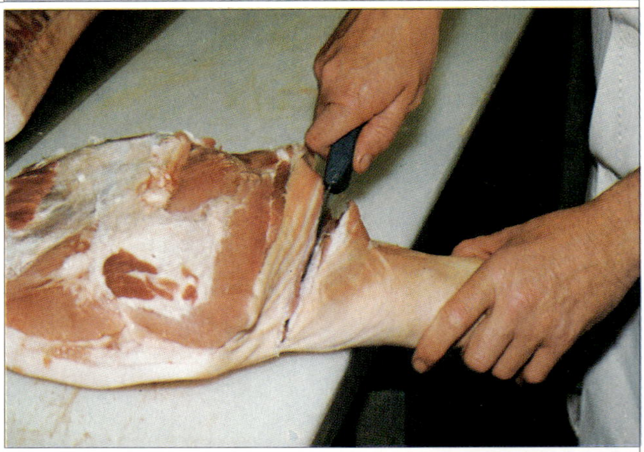

Schulter: Stelze wegschneiden, eventuell Schwarte mit Speck ablösen.

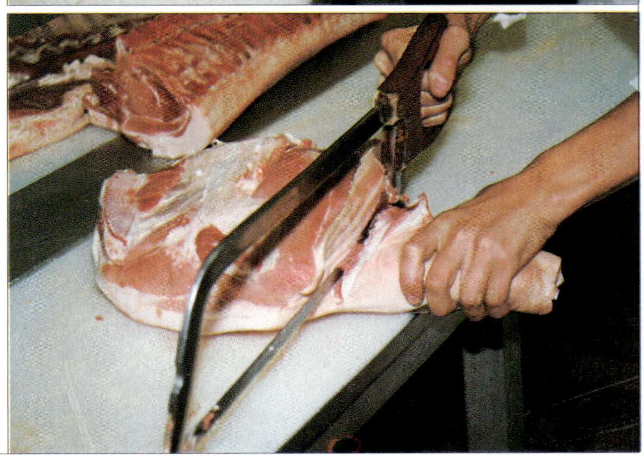

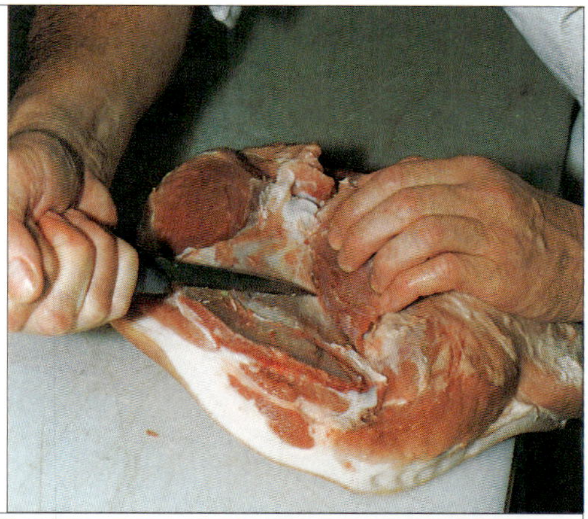

Schulterblatt auslösen: Schulterblattdeckel (= mageres Fleisch auf dem Schulterblatt) ablösen.

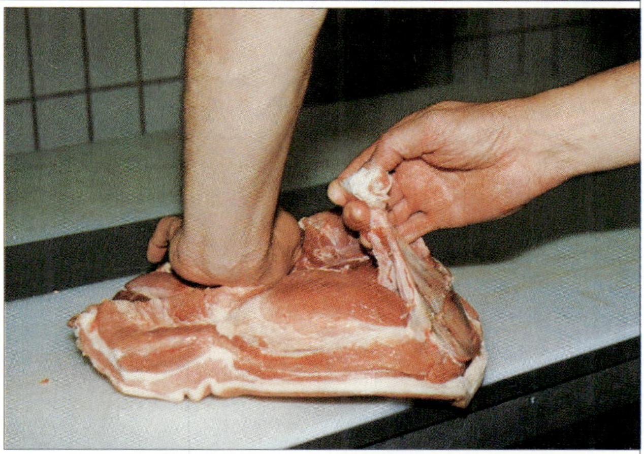

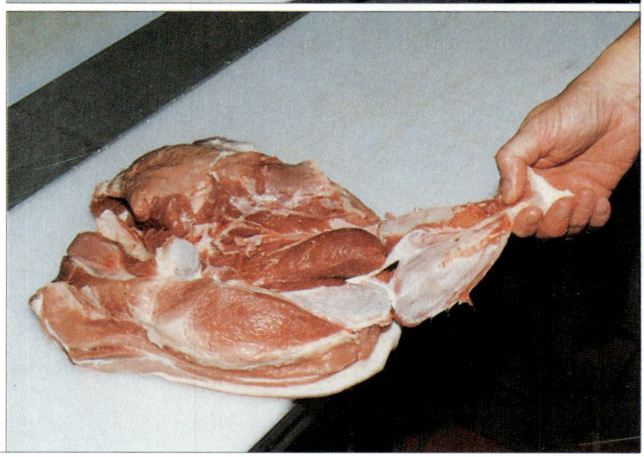

Links und rechts vom Schulterblatt ca. 1 cm tief einschneiden, das Schulterblatt vom Gelenk herauslösen. Oberarmknochen auslösen, dicke und dünne Schulter trennen.

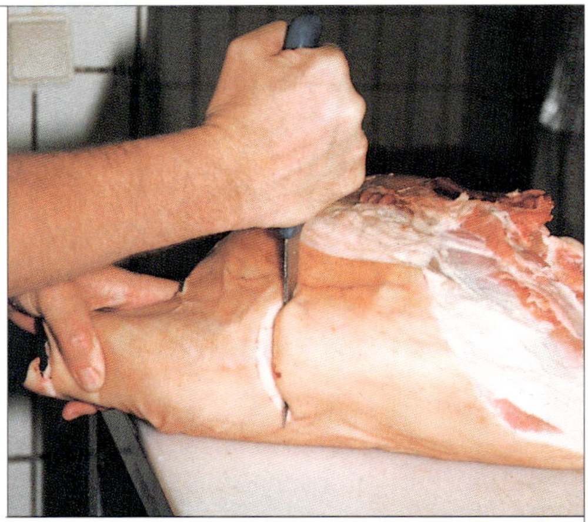

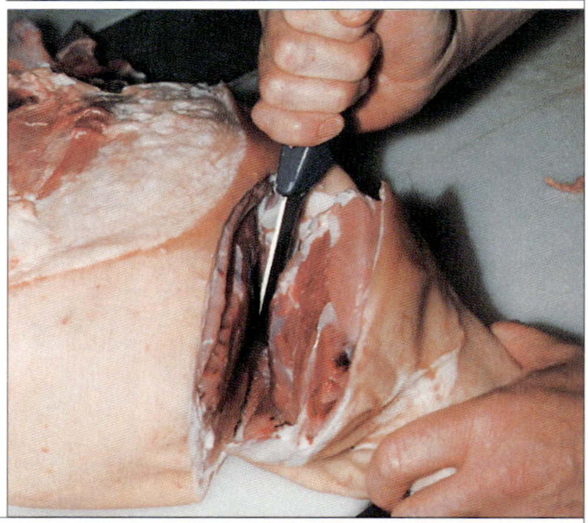

Schlegel: Stelze wegschneiden.

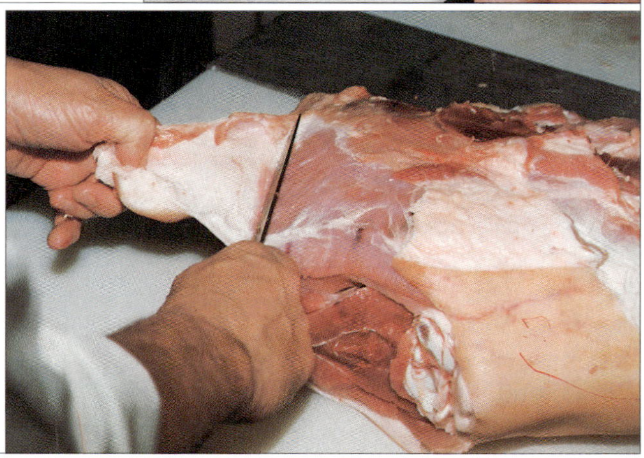

Schwarte mit Speck ablösen, Metzgerjause herauslösen, Kaiserteil herunterlösen.

ZERTEILEN DER EINZELNEN FLEISCHSTÜCKE

Beckenknochen mit Schwanzknochen und Oberschenkelknochen auslösen. Nuß (Knochen = Kniescheibe), Frikandeau und Schlußbraten teilen, vom Frikandeau das falsche Fischerl (= walzenförmiges Stück) ablösen. Wenn Frikandeau und Schlußbraten geselcht werden, kann Schwarte mit Speck dabeibleiben.

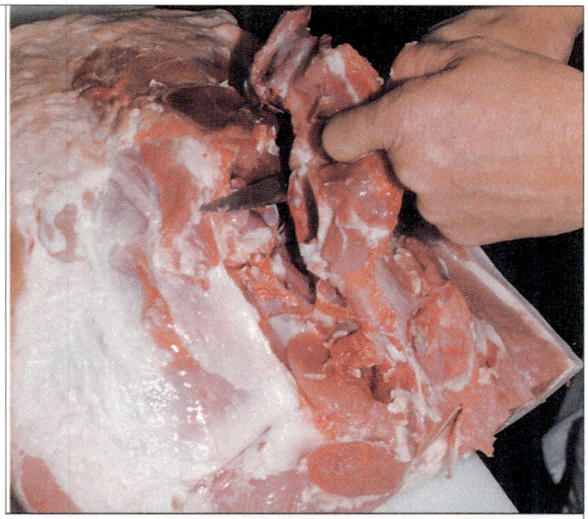

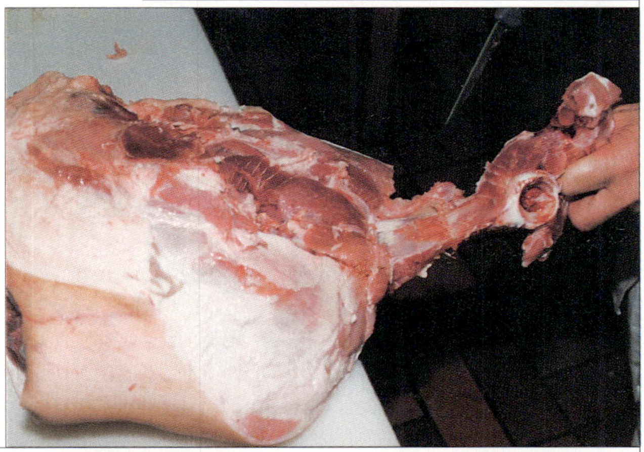

Kopf auslösen: (Hirn herauslösen), Ohren wegschneiden, Drüsen entfernen, Unterkiefer auslösen (mit 2 Tüchern herausreißen), Fleisch vom Schädelknochen bzw. Oberkiefer lösen, Fleisch und Fett eventuell abschwarten (Drüsen wegschneiden).

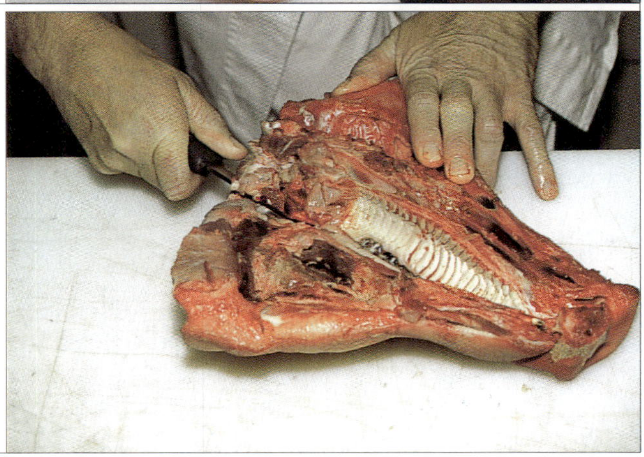

ZERTEILEN EINES RINDES

Das Rind betäuben, töten, ausweiden und häuten.
Im bäuerlichen Betrieb wird das Rind nach dem Schlachten in Viertel geteilt, damit es in den Kühlraum paßt. Die Teilung erfolgt nach der sechsten Rippe.

Grobzerteilung

Bei der Grobzerteilung wird das **Vorderviertel** mit Schulter und Gab und das **Hinterviertel** mit Knöpfel, Englischem und Platte geteilt.

Vorderviertel (Schulter und Gab)

Schulter auslösen: Zwischen Gab und Schulter in die Schultertasche schneiden und entlang des Schulterblattes die Schulter heraustrennen. Der Schulterblattknorpel bleibt beim Kruspelspitz.

Gab: Der Rest des Vorderviertels, bestehend aus Hals, Hinterem Ausgelösten, Brust und Spitz.

Hinteres Viertel (Knöpfel, Englischer, Bauch)

Lungenbraten: aus dem Englischen herauslösen.

Knöpfel (Schlegel): Den Bauch abschneiden und beim 1. Wirbel nach der Krümmung der Wirbelsäule durchsägen und durchschneiden.

Englischer: (wird der Rücken bis zum Hals bezeichnet)
Den Bauch (Platte) vom Rücken trennen.

Feinzerteilung

Bei der Feinzerteilung werden Schulter, Gab, Knöpfel, Englischer und Platte in deren Fleischteile zerlegt.

Vorderviertel

Vorderer Wadschinken: Beim Gelenk von der Schulter trennen und den Knochen herauslösen.

Schulter: Fleisch vom Schulterblatt lösen. Vom Schulterblatt, rechts und links vom Gelenk aus, mit dem Messer die Beinhaut und das Fleisch vom Knochen schneiden und das Schulterblatt herausdrücken. Das Fleisch in die dicke Schulter, Schulterscherzel und mageres Meisel teilen.

Gab vom Hals und Bauch trennen, die Knochen auslösen und in deren Fleischteile zerlegen.

Hinteres Viertel

Knöpfel (Schlegel):

- Schale abtrennen, Beckenknochen auslösen.
- Schale in Beinscherzel und schwarzes Scherzel trennen.
- Röhrenknochen ausbeinln.
  Weißes Scherzel, Tafelstück, Zapfen und Hüferl bei den Bindegewebsnähten trennen.

Englischer:

Wenn der Lungenbraten noch dabei ist, wird er ausgelöst, danach die Wirbelknochen ausbeinln und das Fleisch in Beiried, Rostbraten und Rieddeckel trennen.

GROBZERTEILUNG

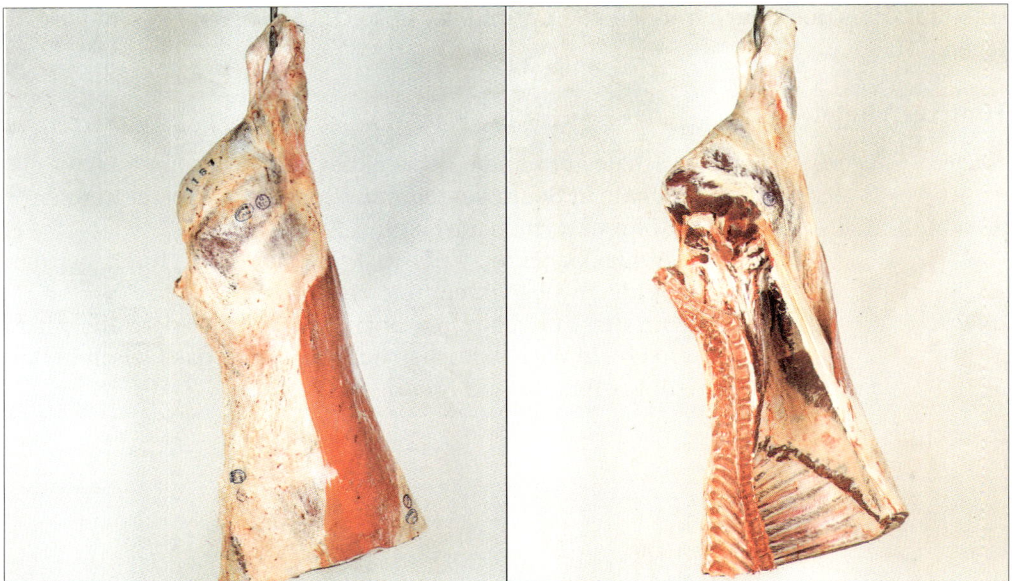

Hinterviertel mit Knöpfel, Englischem und Platte

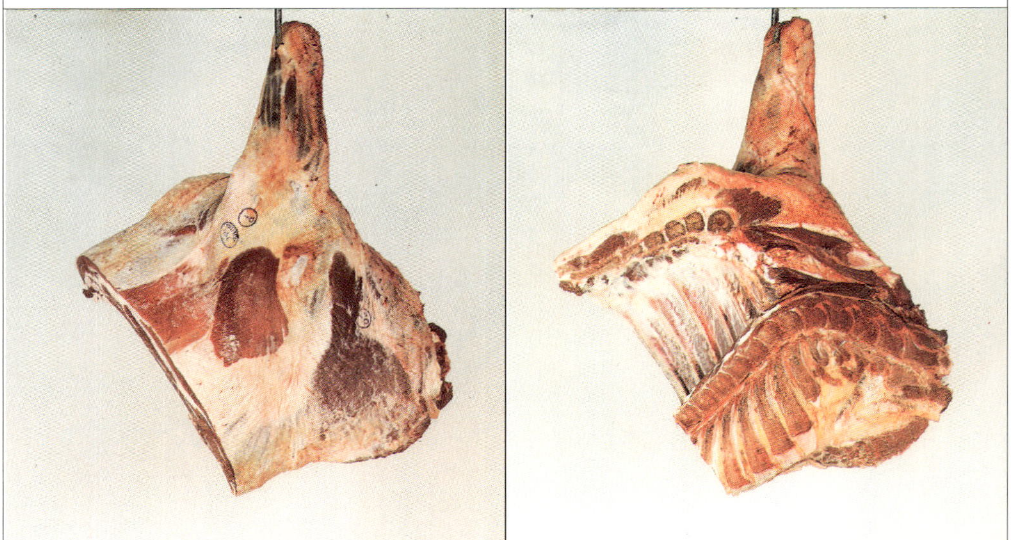

Vorderviertel mit Schulter und Gab

ZERTEILEN VON SCHAF UND WILD

Schafe und Schalenwild können gleich geteilt werden.
Die Tiere betäuben, töten, ausweiden, Kopf und Füße abtrennen, Fett abziehen und kühlen.

Zerfällen

Je nach Verwendung wird der Rücken nicht oder entlang der Wirbelsäule gespalten. Die Schulter wird herausgeschnitten, der Bauch vom Rücken und Schlegel getrennt.

GROBZERTEILUNG

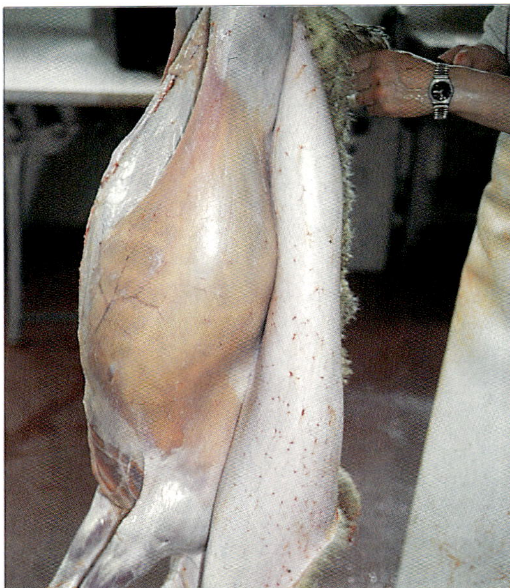

Fell abziehen

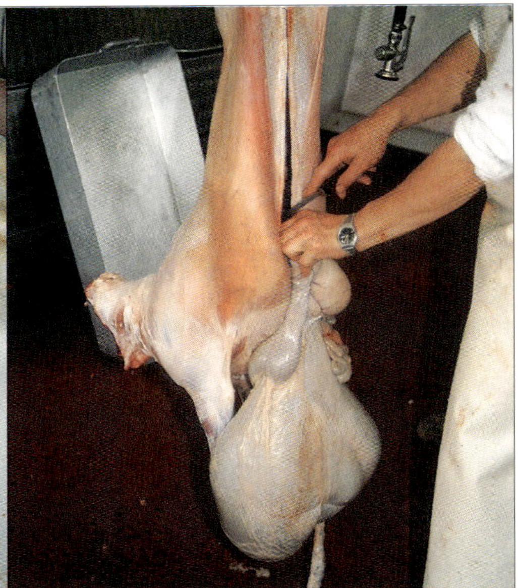

Ausweiden

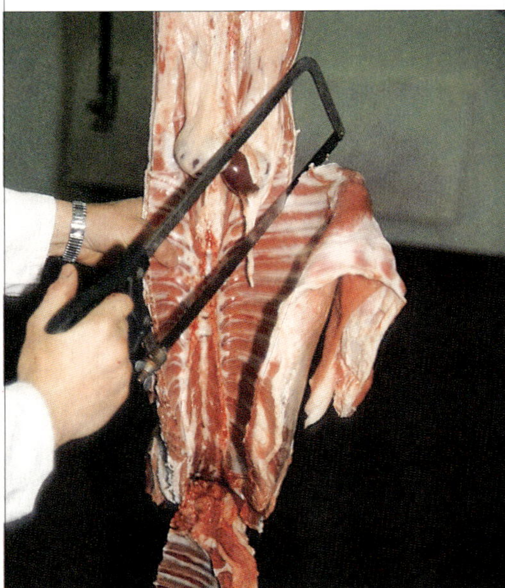

Bauch vom Rücken trennen

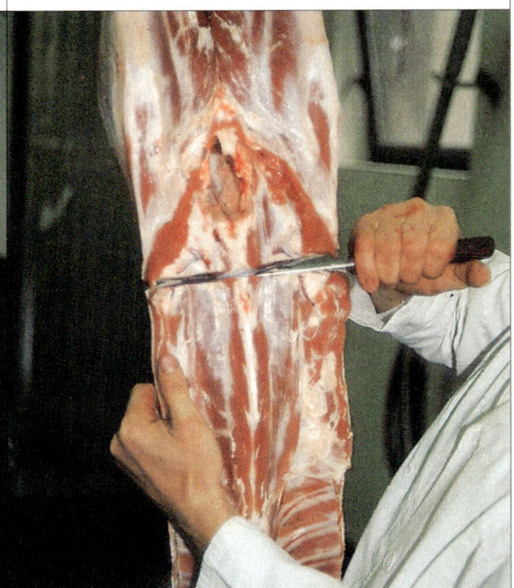

Karree vom Körper trennen

GROBZERTEILUNG

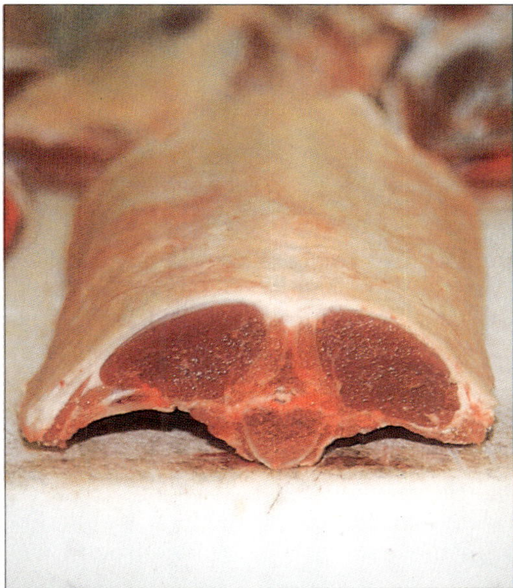

Karree

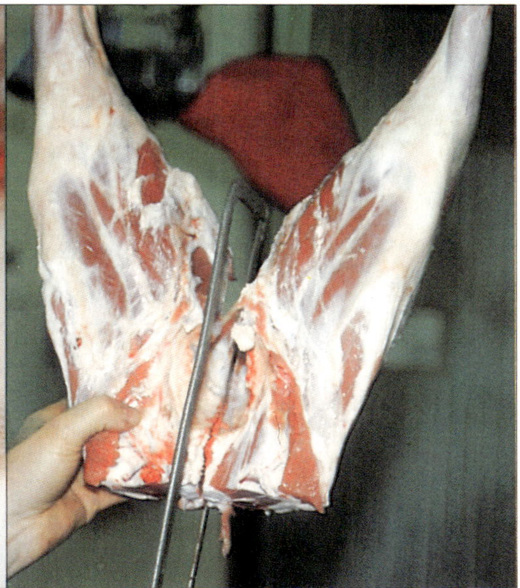

Die beiden Schlegel spalten

Schlachttrichter

SCHLACHTEN VON GEFLÜGEL

Töten: Tiere betäuben, in den Schlachttrichter geben und die Halsschlagader durchtrennen, ausbluten lassen.

Rupfen: Das Rupfen erfolgt händisch oder mit einem Brühgerät.
Händisch:
Das Geflügel kurz in 65gradiges Wasser tauchen, Federn ausreißen. Stifte mit einem kleinen Messer entfernen. Zum Schluß den Tierkörper über einer kleinen Flamme drehen, damit der Rest der Haare abgesengt und die Oberfläche der Haut desinfiziert wird.

Ausnehmen – Füße abtrennen: Den Bauch vom After zum Brustbein öffnen, Gedärme und Innereien herausnehmen. Magen aufschneiden und putzen. Von der Leber die Galle entfernen. Die Halshaut aufschneiden, Kropf und Vormagen herausziehen. In fließendem Wasser ausreichend waschen.

Kühlen: bei 0–2 °C.

FEHLER BEIM SCHLACHTEN, AUSWEIDEN UND KÜHLEN

Fehler	**Folgen**
Tiere kommen ausgehungert zur Schlachtung.	Geringe Milchsäurebildung; das Fleisch bleibt beim Garen hart, geschmacklos und ist für die Erzeugung von Dauerwaren nicht geeignet.
Tiere werden vor der Schlachtung gehetzt.	Die Tiere bluten unvollständig aus; die daraus erzeugten Dauerwaren sind nur beschränkt haltbar. Beim Hetzen wird der vorhandene Muskelzucker verbraucht. Es kann sich nur wenig oder keine Milchsäure bilden. Die Totenstarre tritt nicht ein. Das Fleisch bleibt hart, geschmacklos und ist für die Erzeugung von Dauerwaren nicht geeignet. Schon während das Fleisch reift, können sich Fäulnisbakterien vermehren, das Fleisch färbt sich bei der Reifung bräunlich, hat eine kurze Haltbarkeit und eignet sich nicht für die Dauerwarenerzeugung.
Streß vor der Schlachtung.	Der pH-Wert wird überstürzt gesenkt. Durch die geschädigten Zellwände tritt Saft aus.
Fehlerhafte Betäubung durch falsche Handhabung der Betäubungsgeräte.	Kleine Blutpunkte im Fleisch.
Tiere werden beim Ausbluten getreten. Tiere werden nicht sofort ausgeweidet.	Darmbakterien können in die Blutbahnen gelangen.
Beim Schwein werden Schlund-, Afteröffnung und Stichwunde vor dem Brühen nicht verschlossen.	Keime aus dem Brühwasser gelangen in die Fleischzellen, denn die Muskelzellen werden nach dem Tod durchlässiger.

Fehler	**Folgen**
Darmverletzungen beim Ausweiden.	Fleisch wird verschmutzt. Alle verschmutzten Teile müssen großflächig weggeschnitten werden, es genügt nicht, den Schmutz wegzuwischen.
Schweinehälften im Liegen auskühlen lassen.	Bei der weiteren Zerfällung ist die Schnittführung erschwert, und die Schnittflächen sind nicht glatt.
Zu rasches Abkühlen bei zu tiefen Temperaturen (besonders beim Rind).	Es tritt eine Muskelverkürzung ein. Das Fleisch wird zäh.
Mangelhafte Hygiene.	Die Produkte werden mit Schadkeimen infiziert, die zu fehlerhaften Produkten mit kurzer Haltbarkeit führen.

DAS FLEISCH UND DESSEN VERWENDUNG IN DER KÜCHE

WAS VERSTEHT MAN UNTER FLEISCHQUALITÄT?

Hausfrau Koch	**Fleischer**	**Ernährungs-wissenschaftler**
Gut aussehende, schön gefärbte, magere bis marmorierte Stücke. Koch- oder bratfertig zugerichtete Teile. Gesunde, preiswerte Ware, die frei von Schad- und Zusatzstoffen ist.	Der pH-Wert des Fleisches muß stimmen. Bei der Verarbeitung sollen wenig Abfälle anfallen. Das Fleisch soll gut Wasser binden und eine gute Pökeleigenschaft aufweisen. Das Fett-Eiweiß-Verhältnis soll gut verkaufbar sein. Vielseitige Produkte sollten sich herstellen lassen.	Die optimale Zusammensetzung der Nährstoffe muß erfüllt sein. Die Ware muß den Gesetzen entsprechen. Sie muß hygienisch, keimarm und frei von Schadstoffen sein.

VORRICHTEN VON FLEISCH

Unter Vorrichten wird das Fertigmachen der Fleischstücke für die Küche verstanden.
Dazu zählen: zerkleinern, spicken und rollen.
Beim **Zerkleinern** wird das Fleisch faschiert, würfelig geschnitten, portioniert (z. B. Schnitzel) und filetiert (bei Fischen).
Durch das **Spicken** von magerem Fleisch (Wild, Rind) erhält das Fleisch zusätzliche Geschmacksstoffe und einen appetitlicheren Anschnitt.
Es gibt zwei Methoden des Spickens:

a) Dünne Speckstreifen werden mit der Spicknadel längs der Fleischfaser eingezogen.
b) Den Speck in dünne, kleine Dreiecke schneiden. Mit der Messerspitze kleine Löcher ins Fleisch stechen und den Speck hinter der Messerklinge eindrücken.

Gerollt werden alle flachen, dünnen und lose zusammenhängenden Fleischteile wie Bauch, Schulter vom Kalb, Schwein und Schaf. Das Fleisch wird nach dem Rollen mit einer Schnur oder einem Netz zusammengehalten. Durch das Rollen entstehen hochwertige, leicht portionierbare Braten.

Vorteile des Vorrichtens

- Durch das Vorrichten verkürzt sich die eigentliche Kocharbeit.
- Portioniertes Fleisch ist aus der Gefriertruhe rasch verwendbar.
- Arbeitsgeräte (z. B. Faschiergeräte) müssen nicht mehr zusammengestellt und gereinigt werden.
- Großgeräte lassen sich durch die Zusammenlegung der Arbeit nach dem Schlachten besser ausnützen.
- Durch das vorzeitige Rollen und Spicken von Fleischstücken werden Streßsituationen vermieden.

FLEISCHTEILE EINZELNER TIERARTEN UND DEREN VERWENDUNG IN DER KÜCHE

Fleischteile des Schweines

Fleischteile des Schweines

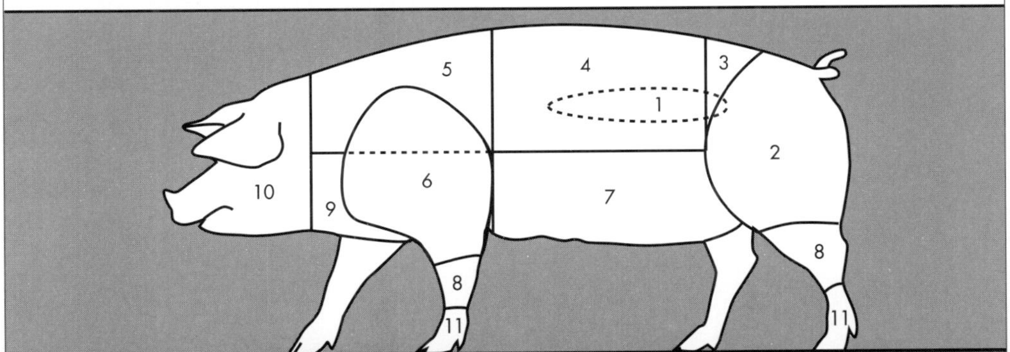

I. Qualität	Verwendung	II. Qualität	Verwendung	III. Qualität	Verwendung
1 - Fischerl (Filet) 2 - Schlegel (Nuß Kaiserteil, Frikandeau) 3 - Schlußbraten 4 - Karree 5 - Schopfbraten	• *Grillen* • *Schnitzel* • *Braten* • *Selchen*	6 - Schulter 7 - Bauchfleisch 8 - Stelzen	• *Braten* • *Dünsten* • *Selchen* • *Kochen*	9 - Stichfleisch 10 - Kopf 11 - Haxl	• *Kochen* • *Würste*

Fleischteile des Schweines	Merkmale		Verwendung in der Küche
1 Fischel (Filet)	wertvollstes Fleisch vom Schwein – saftig	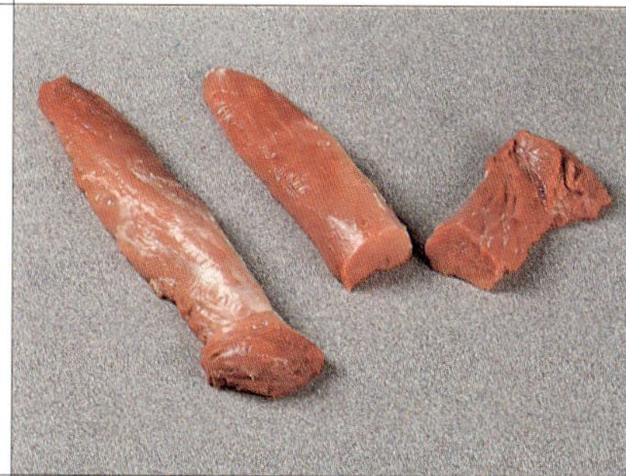	Spezialität – Spieße, Fondue, Schnitzel im Netz gebraten
2 Schlegel Kaiserteil Nuß und Frikandeau	im Ganzen ohne Knochen im Ganzen mit Knochen geteilt ohne Knochen	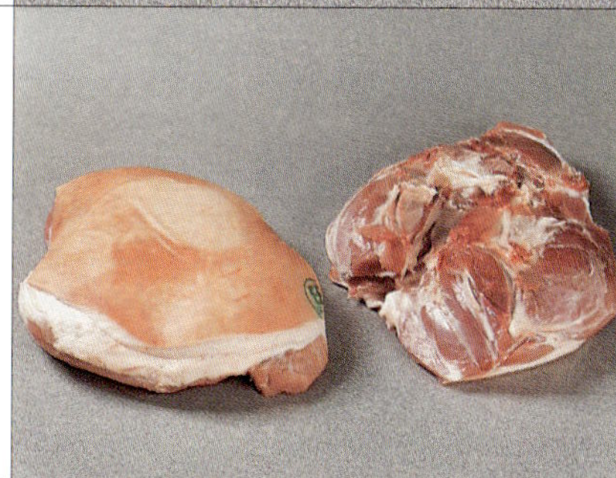	braten, gepökelter Beinschinken, Schnitzel gebraten, gebacken
3 Schlußbraten	mit Knochen oder ausgelöst Frikandeau und Schlußbraten	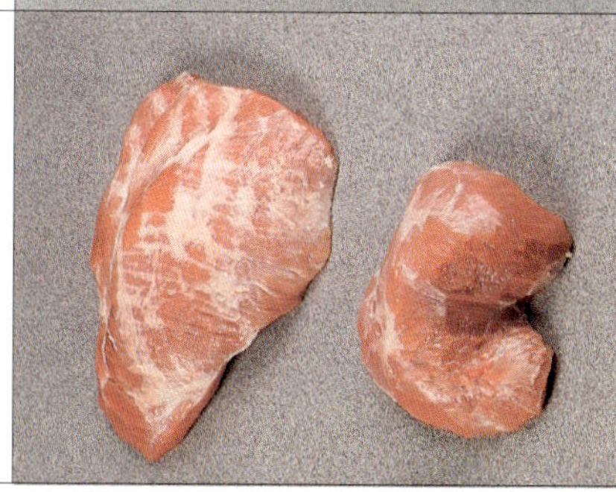	braten, selchen

Fleischteile des Schweines	Merkmale		Verwendung in der Küche
4 Karree	mit Knochen oder ausgelöst		braten, grillen, backen, räuchern, Kotelett, Schnitzel, Selchkarree
5 Schopfbraten	mit Fett durchwachsen mit Knochen oder ausgelöst		braten, grillen, Schnitzel, räuchern, Osso Collo
6 Schulter	mit Knochen oder ausgelöst	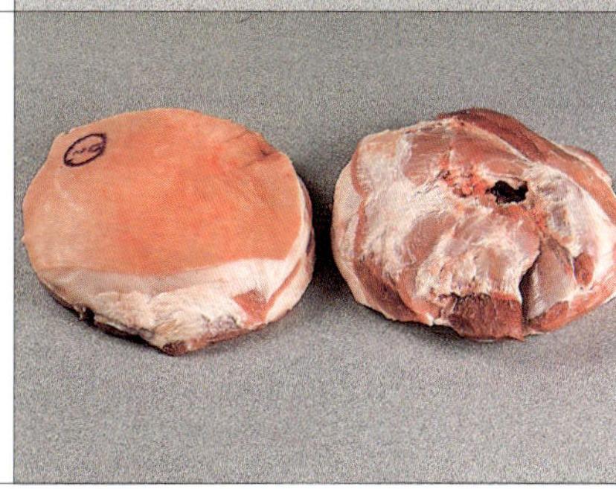	braten, kochen, dünsten, gerollter Braten, Gulasch, Ragout, räuchern, Rollschulter

Fleischteile des Schweines	Merkmale		Verwendung in der Küche
7 Bauchfleisch	mit Rippen, fettdurchzogenes Fleisch	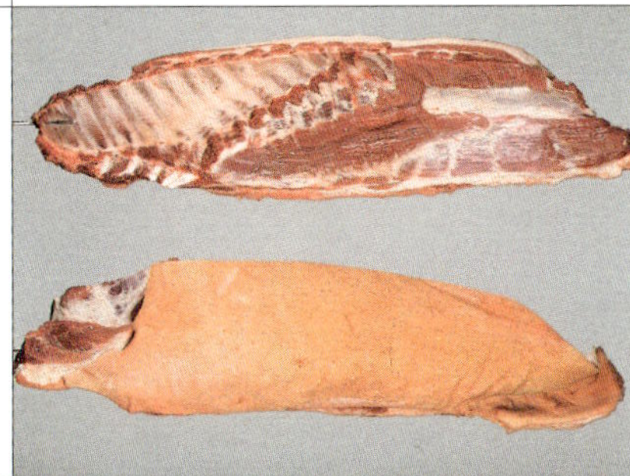	braten, pökeln, kochen, gefüllter Bauch, geräucherter Bauch, Wurzelfleisch
8 Stelzen (vordere und hintere)	mit Knochen		braten, dünsten, pökeln, kochen, Eisbein, Gulasch, Sulz, Klachlsuppe
9 Stichfleisch	mit Fett durchwachsen	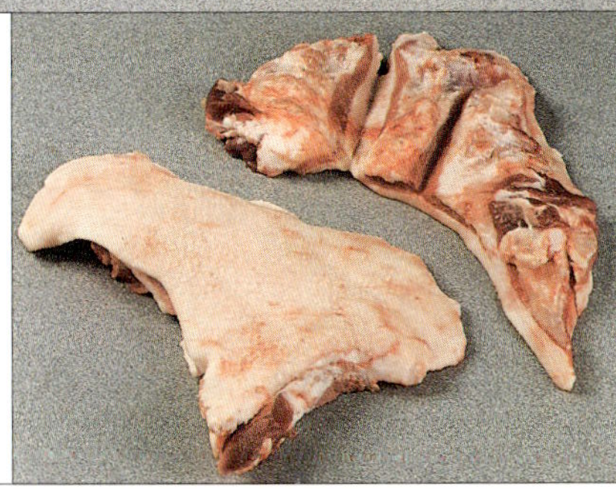	kochen, Krenfleisch, Leberwurst, Blutwurst, Maischel

Fleischteile des Schweines	Merkmale		Verwendung in der Küche
10 Kopf	mager bis fett, durchwachsen, sehr sehnig	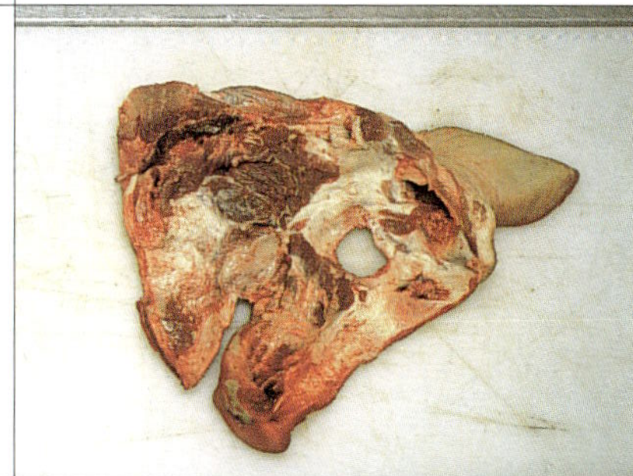	kochen, gekochter Sauschädel, Leber- und Blutwurst, Maischel
11 Haxl			kochen, Sulz, Klachlsuppe

Innereien	Schwein	Rind	
Leber		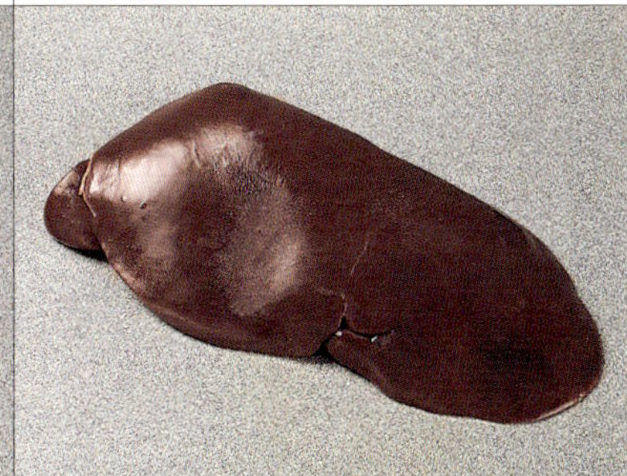	Spezialgerichte Suppeneinlagen Leberpastete Leberstreichwurst
Herz			Spezialgerichte Kochwürste
Lunge	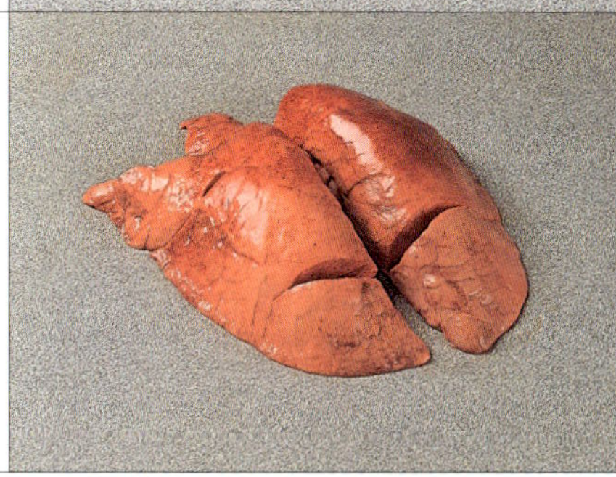	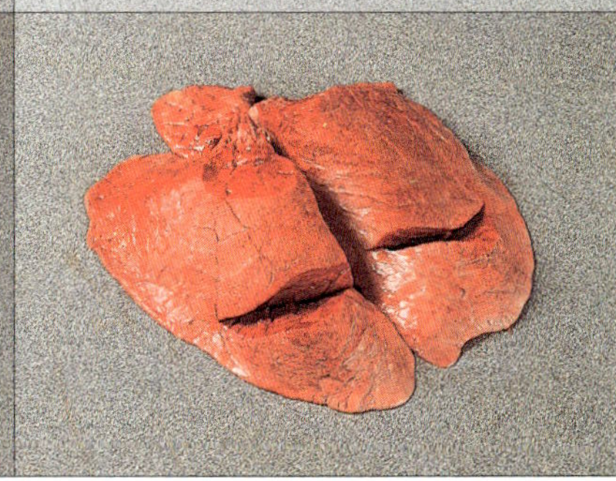	Spezialgerichte Suppeneinlagen

Innereien	Schwein	Rind	
Zunge	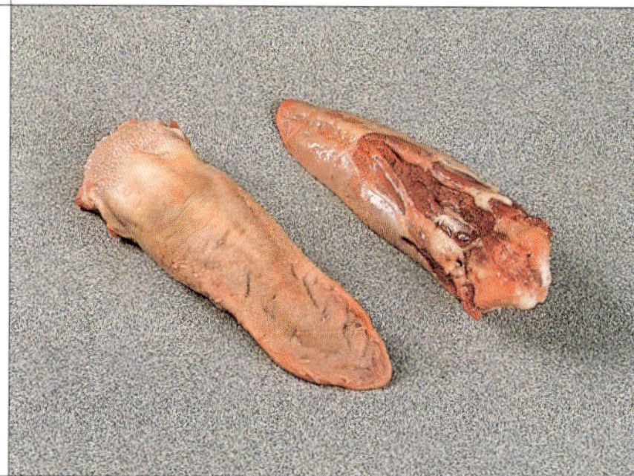	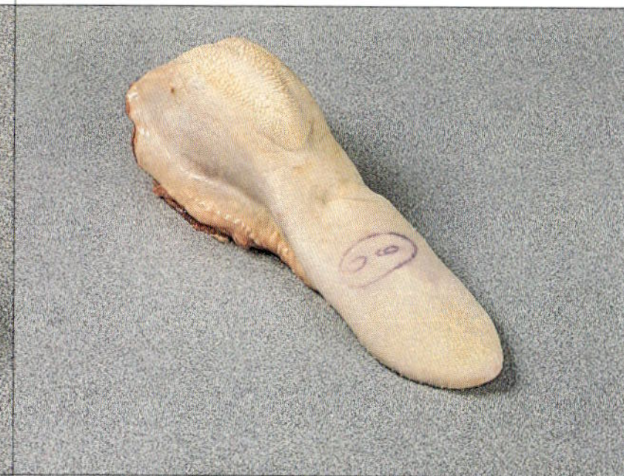	Spezialgerichte pökeln Blutwursteinlage
Niere		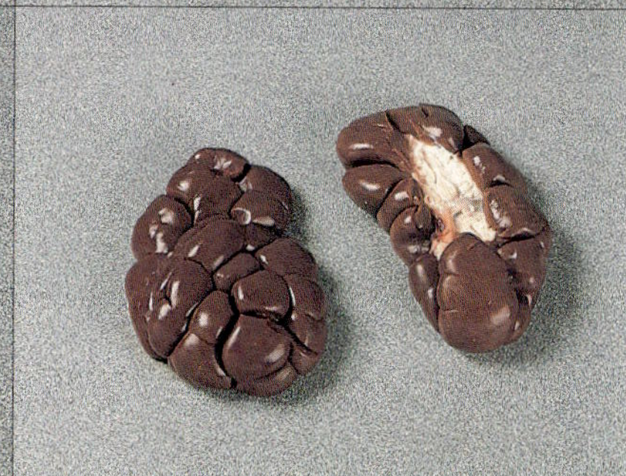	Spezialgerichte
Hirn	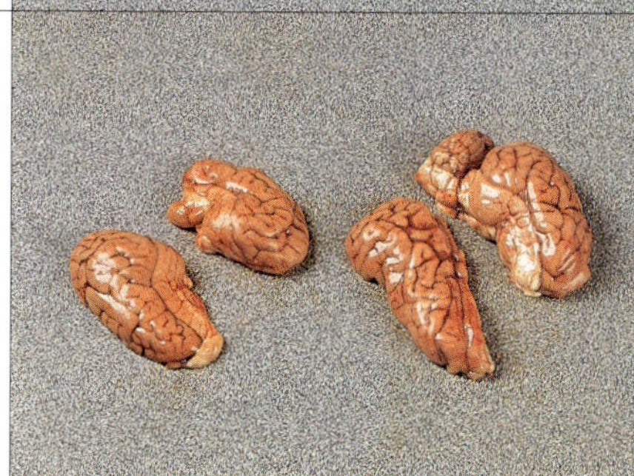	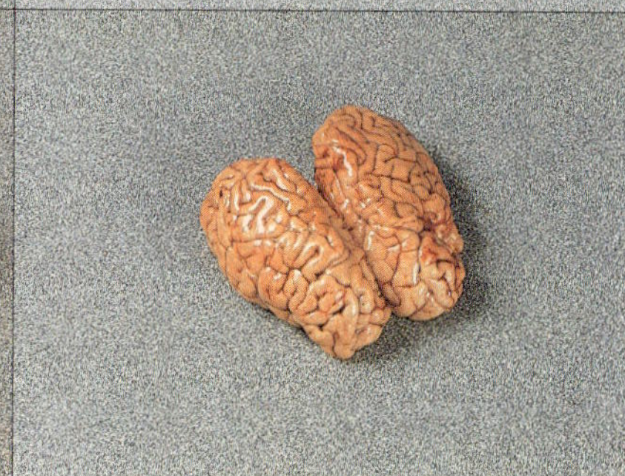	Spezialgerichte
Sonstiges **Netz, Filz**			Fettherstellung Schmerbutterteig

Fleischteile des Rindes

Für manche Fleischstücke gibt es verschiedene Bezeichnungen. Der Grund ist in der regional unterschiedlichen Zerteilung zu finden. Deshalb sind die noch möglichen Namen in Klammer zu finden.

Fleischteile des Rindes

Spitzenqualität ***Englischer***	**I. Qualität** ***Gustostücke***	**II. Qualität** ***Hinteres***	**III. Qualität** ***Vorderes***
• die qualitativ hochwertigsten, aber auch teuersten Stücke vom Rind	*• mit Ausnahme der dicken Schulter stammen alle Teile vom hinteren Oberschenkel*	*• diese Stücke liegen nicht im hinteren Teil des Rindes; sie stammen ausnahmslos von der Schulter und vom Spitz des Rindes*	*• umfaßt Teile des Vorder- und Hinterviertels*
1 - Lungenbraten (Filet) 2 - Beiried (Rumpsteak, Roastbeef) 3 - Rostbraten (Hohe Beiried, Hochrippe)	4 - Schale - wird in Beinscherzel und Schwarzes Scherzel geteilt 5 - Weißes Scherzel 6 - Tafelstück 7 - Tafelspitz 8 - Zapfen (Nuß, Kugel) 9 - Hüferl (Hüferscherzel, Hüferschwanzel) 10 - Dicke Schulter	11 - Schulterscherzel (Schulterdeckel) 12 - Mageres Meisel 13 - Kavalierspitz 14 - Rieddeckel 15 - Dicker Spitz 16 - Kruspelspitz 17 - Zwergspitz 18 - Hinteres Ausgelöstes 19 - Dickes Kügerl (Brustkern)	20 - Fettes Meisel 21 - Brustkern (-spitz) 22 - Mittleres und dünnes Kügerl 23 - Hals 24 - Beinfleisch 25,26 - Wadschinken 27 - Ochsenschlepp
• Braten *• Grillen* *• Spezialitäten*	*• Schnitzel* *• Braten* *• Kurzbraten* *• Kochen* *• Rouladen*	*• Dünsten* *• Kochen*	*• Kochen* *• Gulasch* *• Faschiertes*

Name der Fleischstücke		Rindfleischteile		
Schwein	Rind	Merkmale		Verwend. in der Küche
Rücken Karree	**Englischer** Nr. 2 Beiried	saftig, marmoriert, leicht mit Fett abgedeckt		braten, grillen, Entrecote, Rumpsteak, Roastbeef
	Nr. 3 Rostbraten	kräftig, etwas fasrig, teilweise mit Fett durchzogen		braten, grillen, dünsten, Rindskotelett, Rostbraten
Fischl	Nr. 1 Lungenbraten	kurzfasrig, zart, mager, saftig	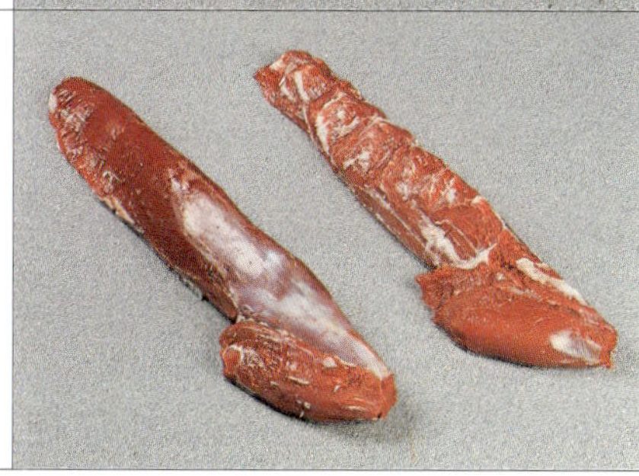	braten, grillen, Beefsteak, Tournedos, Fondue, Carpaccio, Tatar

Name der Fleischstücke		Rindfleischteile		
Schwein	**Rind**	**Merkmale**		**Verwend. in der Küche**
Schlegel Kaiserteil	**Knöpfel** Nr. 4 Schale; wird es in der Mitte geteilt, entsteht Beinscherzel und Schwarzes Scherzel	Oberfläche hat eine Fettschicht, die leicht abziehbar ist dunkel, mager	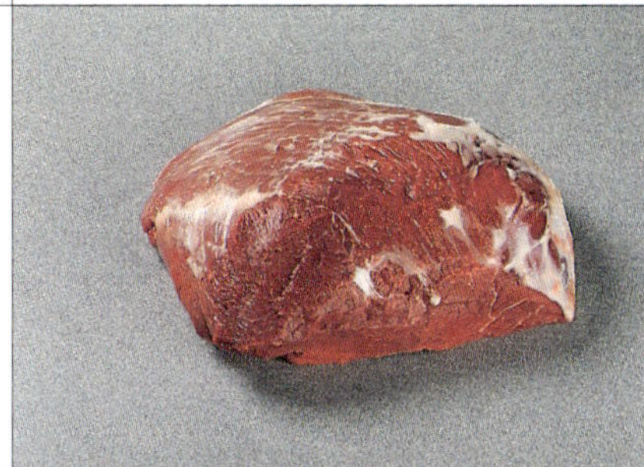	dünsten, Rindsbraten, Rindsschnitzel, Rindsroulade
falsche Fischerl vom Frikandeau	Nr. 5 Weißes Scherzel	fast eine quadratische Schnittfläche, etwas grobfasriger, trocken, bröselig, gut zu portionieren	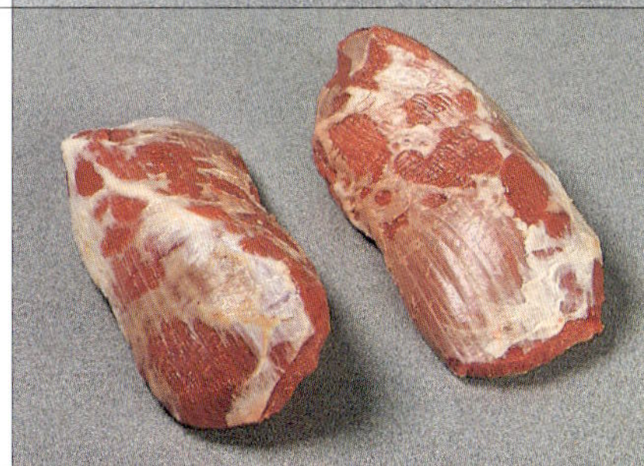	dünsten, sieden, Rindsbraten, Rindsschnitzel, auch zum Räuchern geeignet
Frikandeau und Schlußbraten	zur Seite des Ochsenschlepps Nr. 6 Tafelstück	grobfasrig		dünsten, Rindsschnitzel, Rindsbraten, Rouladen

Name der Fleischstücke		Rindfleischteile		
Schwein	Rind	Merkmale		Verwend. in der Küche
Frikandeau und Schlußbraten	Nr. 7 Tafelspitz	feinfasrig, mit Fettrand	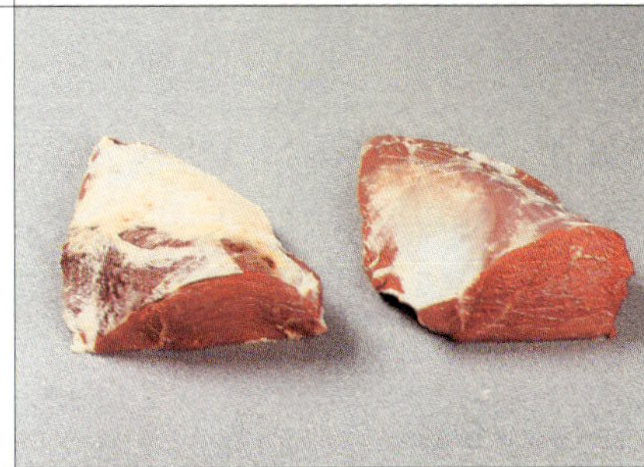	sieden, Wiener Spezialität
	zur Seite des Beirieds Nr. 9 Hüferl	saftig, mit feinen Fettadern durchzogen, gut zu portionieren		sieden, dünsten, grillen, Roastbeef, Rumpsteak, Rindsbraten
Nuß	Nr. 8 Zapfen; in der Mitte des Schlegels	fast fettfrei, gut zu portionieren		dünsten, Rindsbraten, Rindsschnitzel, Saftfleisch

Name der Fleischstücke		Rindfleischteile		
Schwein	**Rind**	**Merkmale**		**Verwend. in der Küche**
Schulter Dicke Schulter	**Schulter** Nr. 10 Dicke Schulter; ist der Hauptteil der Schulter	saftig, fest, mit einer starken Sehne, mehreren feinen Sehnen	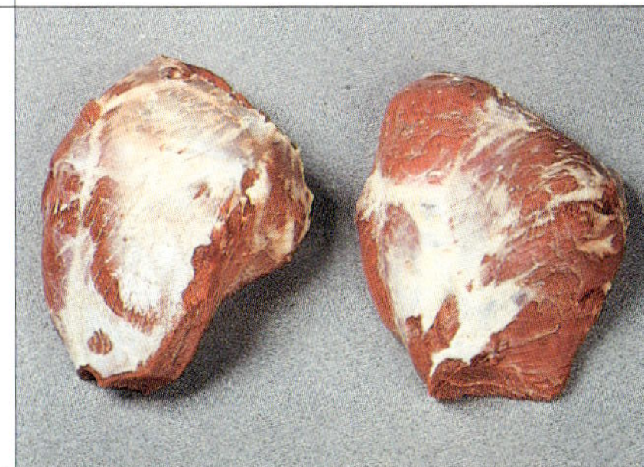	sieden, dünsten, gekochtes Rindfleisch, Gulasch, Reisfleisch
dünne Schulter	Nr. 11 Schulterscherzel (Schulterdeckel)	teilweise mit Sehnen durchzogen		sieden, dünsten, gekochtes Rindfleisch, Gulasch
	Nr. 12 Mageres Meisel, unter Schulter und Fettem Meisel	gut zu portionieren		sieden, dünsten Gulasch (sehr gut)

Name der Fleischstücke		Rindfleischteile		
Schwein	**Rind**	**Merkmale**		**Verwend. in der Küche**
	Gab und Bauch Nr. 13 Kavalierspitz, liegt am Schulterblatt (am Bild links oben).	besonders saftig	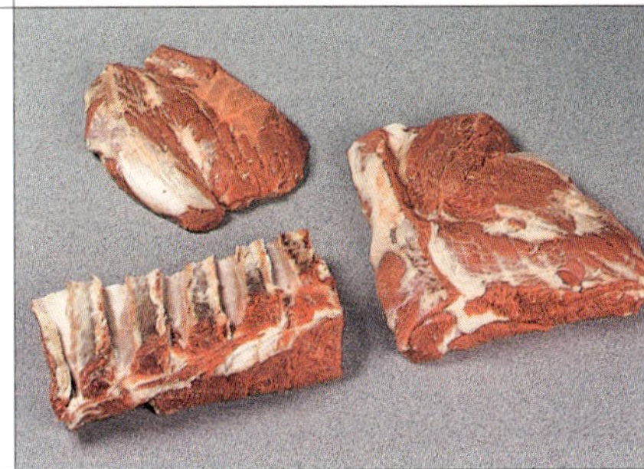	sieden, österr. Spezialität
	Nr. 14 Rieddeckel, liegt über Rostbraten und Schulter	sehr saftig		sieden, dünsten, ist ein beliebtes Suppenfleisch, Ragouts
	Nr. 15 Dicker Spitz Nr. 16 Kruspelspitz liegt unter Rieddeckel und Schulter	sehr saftig, grobfasrig, vorzüglicher Geschmack Kruspel durchzogen	siehe Bild Nr. 13, rechts	sieden, gekochtes Rindfleisch

Name der Fleischstücke		Rindfleischteile		
Schwein	**Rind**	**Merkmale**		**Verwend. in der Küche**
	Nr. 17 Zwerchspitz, Bauchfleisch, zum Teil unter der Schulter	mit Fett durchzogen	(Siehe Bild Nr. 13, Seite 83, links unten)	sieden, gekochtes Rindfleisch
	Nr. 18 Hinteres Ausgelöstes anschließend vom Rieddeckel bis zum Fetten Meisel	ist mit Fett reich durchzogen		sieden, dünsten, gekochtes Rindfleisch, Gulasch
Stich- fleisch	Nr. 19 Dickes Kügerl, anschließend an Rindsbrust	grobfasrig, mit Fettrand umgeben, längere Kochdauer notwendig		sieden, dünsten, sehr gutes Kochfleisch, Saftfleisch

Name der Fleischstücke		Rindfleischteile		
Schwein	**Rind**	**Merkmale**		**Verwend. in der Küche**
	Nr. 20 Fettes Meisel, bildet den Hals bei der Schulter	fett, feinfasrig, sehr saftig, längere Kochdauer notwendig		sieden
	Nr. 21 Brustkern	mit Fett durchzogen, etwas grobfasrig		sieden
Bauch	Nr. 22 Mittleres und Dünnes Kügerl	mit Fett durchzogen, dünne Fleischplatte		sieden

Name der Fleischstücke		R i n d f l e i s c h t e i l e		
Schwein	**Rind**	**Merkmale**		**Verwend. in der Küche**
Schopfbraten	Nr. 23 Hals	grobfasrig mit Knochen, durchwachsenes Fleisch, ausgelöst wird es „Vorderes Ausgelöstes" genannt	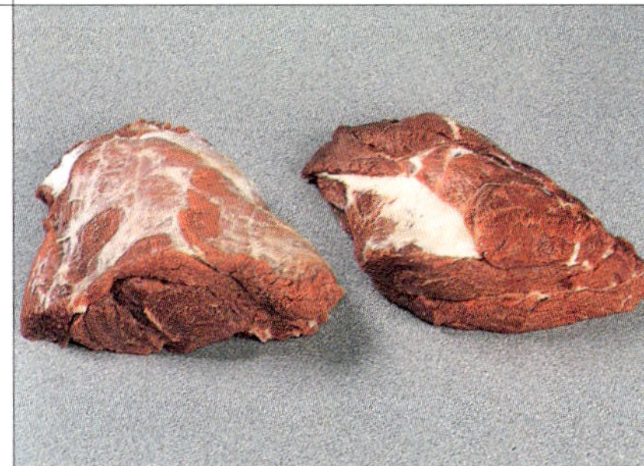	dünsten, Gulasch, Faschiertes
	Riedkamm, liegt am Nacken	fett durchzogen, walzenförmiges Halsstück		pökeln, räuchern
Bauch	Nr. 24 Beinfleisch (Rippenfleisch)	saftig		sehr gutes Suppenfleisch, Faschiertes

Name der Fleischstücke		Rindfleischteile		
Schwein	Rind	Merkmale		Verwend. in der Küche
Vordere Stelze	Nr. 25 Vorderer Wadschinken	mit Sehnen durchzogen, sehr gutes saftiges Fleisch	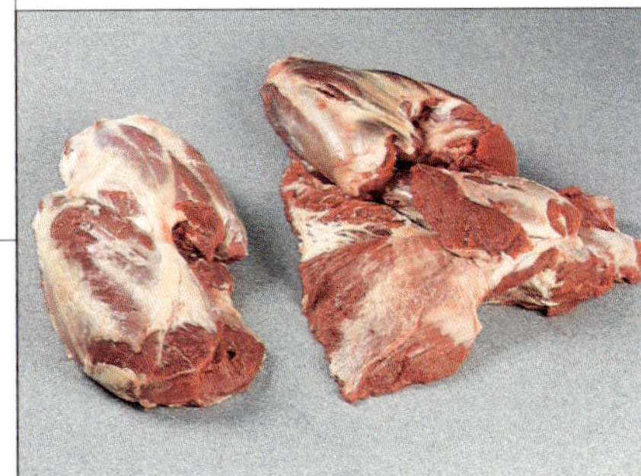	dünsten, Gulasch
Hintere Stelze	Nr. 26 Hinterer Wadschinken	kräftiges, flachsiges Fleisch, ideales Gulaschfleisch, die Farbe bleibt auch beim Aufwärmen erhalten		dünsten, Gulasch, Saftfleischgerichte
	Nr. 27 Ochsenschlepp		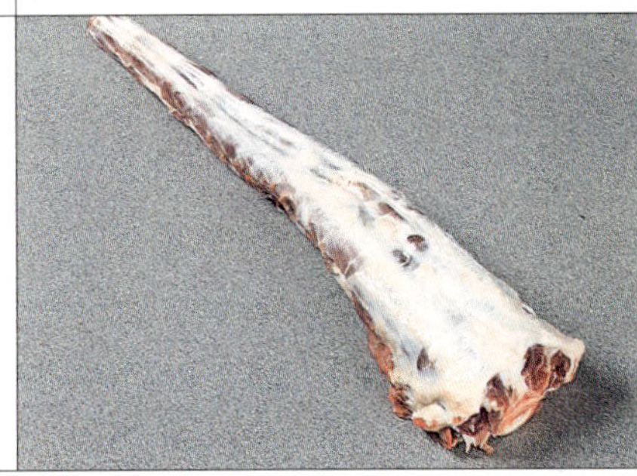	dünsten, sieden, Ochsenschwanzsuppe, Ragouts

Fleischteile des Kalbes

Fleischteile des Kalbes

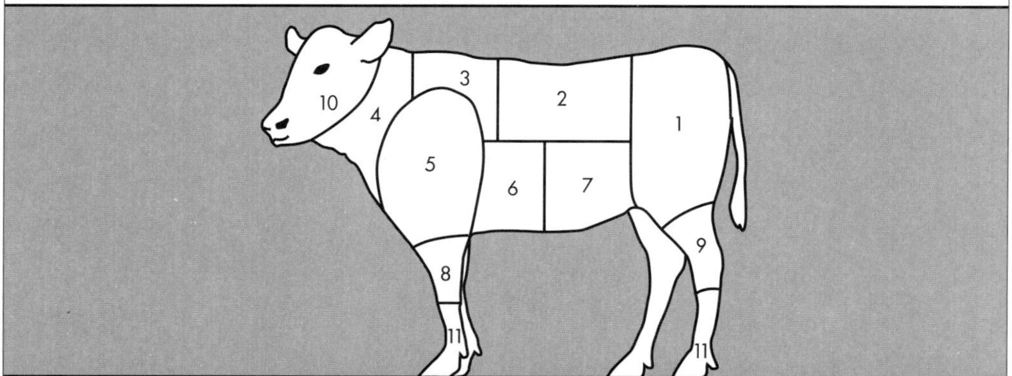

I. Qualität		II. Qualität		III. Qualität	
1 - Schlegel: Schale (Kaiserteil, Nuß, Frikandeau, Schlußbraten) 2 - Nierenbraten 3 - Karree	*Verwendung* • *Braten* • *Schnitzel* • *Grillen* • *Dünsten*	4 - Hals 5 - Schulter 6 - Brust 7 - Wammerl 8,9 - Stelzen	*Verwendung* • *Braten* • *Dünsten*	10 - Kopf 11 - Füße	*Verwendung* • *Kochen*

Fleischteile des Kalbes	Merkmale		Verwendung in der Küche
Nr. 1 **Schlegel** Kaiserteil		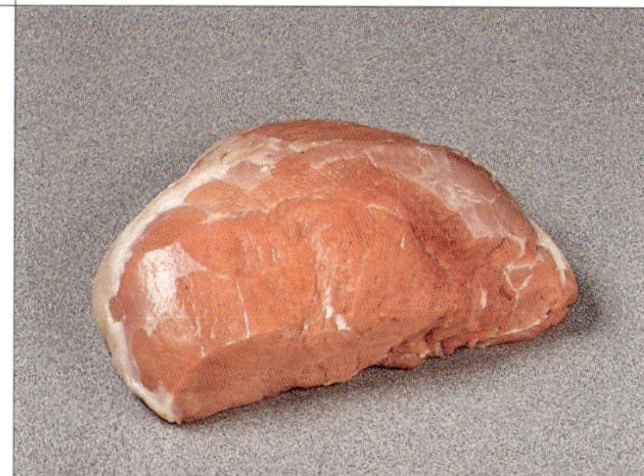	braten, backen, Schnitzel, im Ganzen gebraten
Nuß		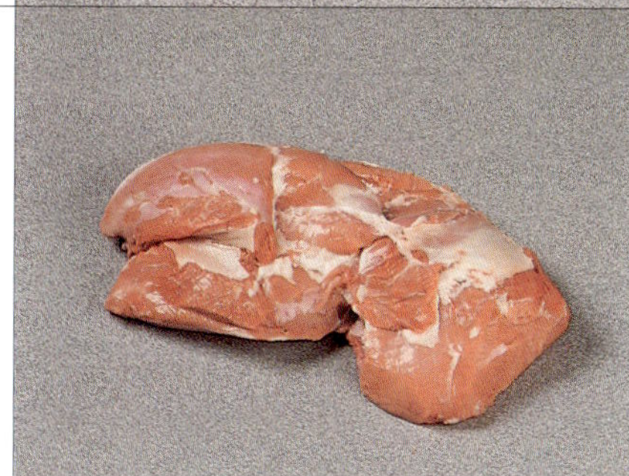	Schnitzel, Steaks, Medaillons, Filets, Geschnetzeltes
Schlußbraten	ausgelöst saftig		Braten, Schnitzel

Fleischteile des Kalbes	Merkmale		Verwendung in der Küche
Frikandeau		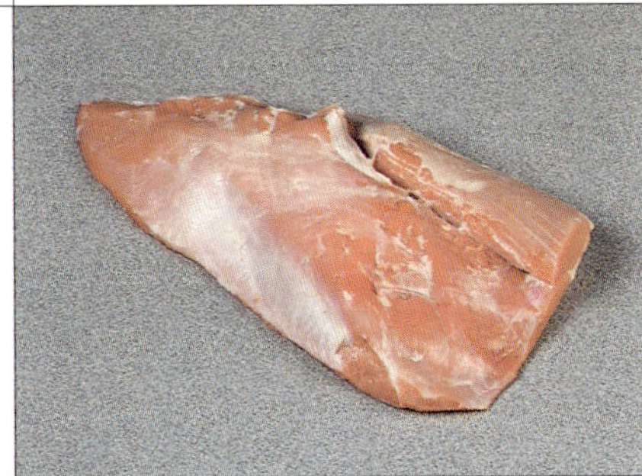	Kalbsbraten, Schnitzel, Cordon bleu
Nr. 2 **Nierenbraten**	mit Knochen oder ausgelöst		Braten, gerollter Nierenbraten, Koteletts
Nr. 3 **Karree**	mit Knochen oder ausgelöst	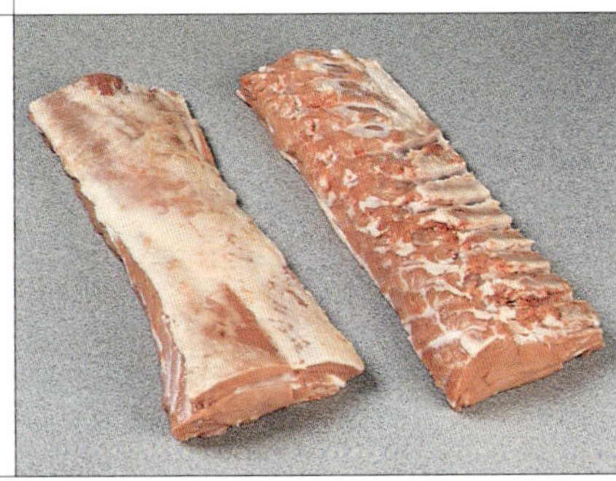	Braten, Koteletts

Fleischteile des Kalbes	Merkmale		Verwendung in der Küche
Nr. 4 **Hals**	mit Knochen oder ausgelöst	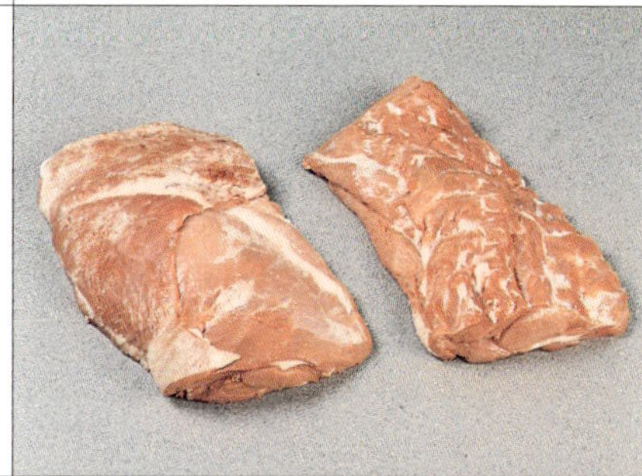	Ragout, Gulasch, Faschiertes
Nr. 5 **Schulter**	mit Knochen oder ausgelöst	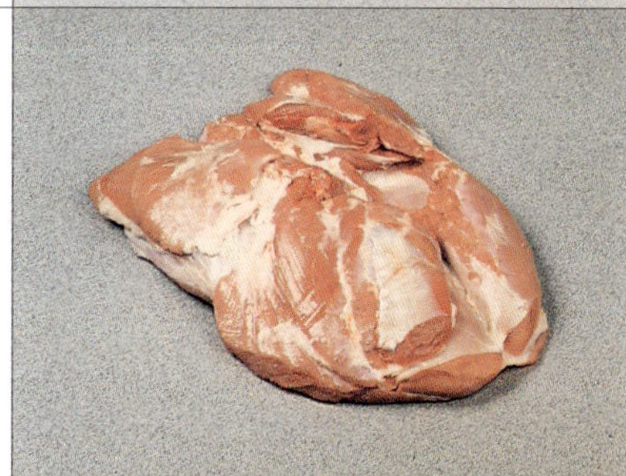	braten, dünsten, gerollter Braten, Gulasch, Ragouts
Nr. 6 **Brust** Nr. 7 **Wammerl**	mit Knochen oder ausgelöst	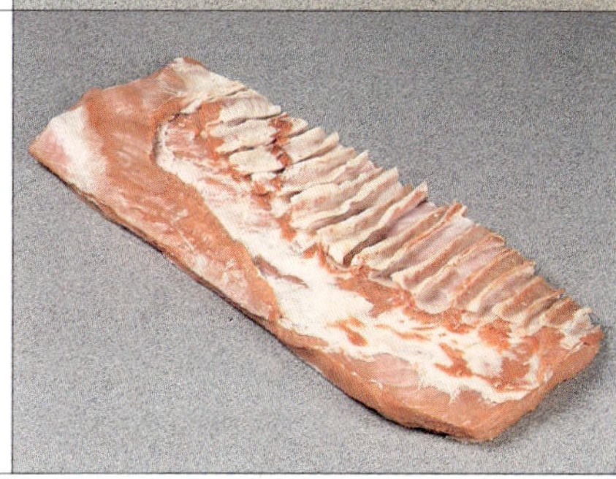	braten, dünsten, gefüllter Kalbsbraten, Eingemachtes, Faschiertes

Fleischteile des Kalbes	Merkmale		Verwendung in der Küche
Nr. 8/9 **Stelzen**	im Ganzen oder ausgelöst	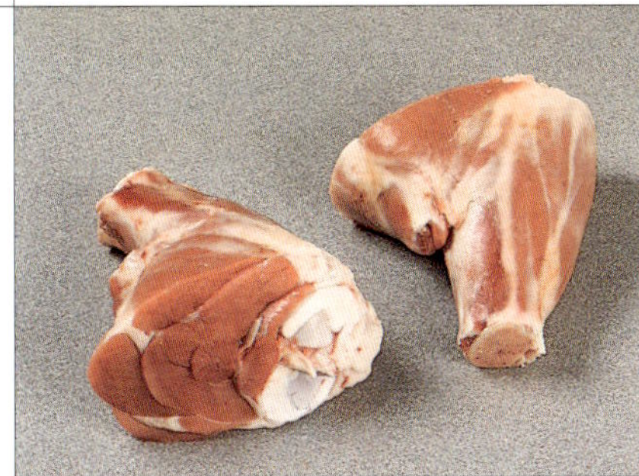	braten, dünsten, gebratene Kalbsstelze, Kalbsvögerl, Osso buco
Nr. 10 **Kopf**			kochen

Fleischteile des Schafes

Fleischteile des Schafes

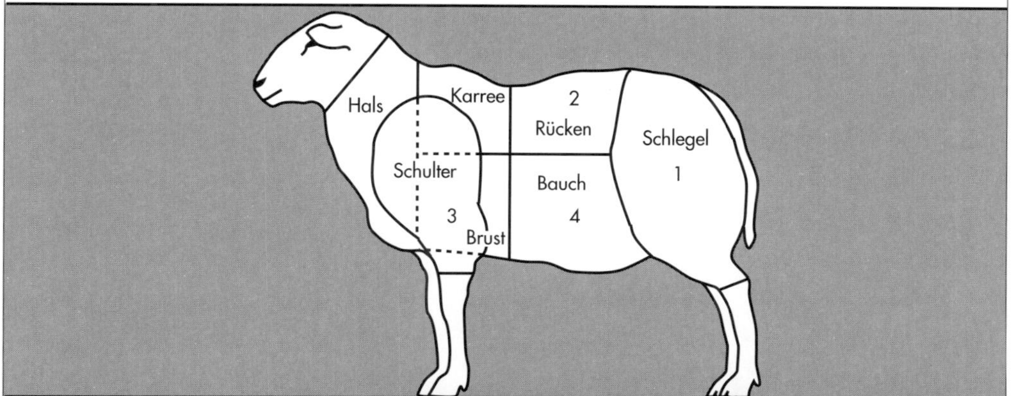

I. Qualität		II. Qualität	
1 - Schlegel 2 - Rücken	*Verwendung* • *Braten* • *Schnitzel* • *Dünsten* • *Pökeln* • *Grillen* • *Würste*	3 - Schulter 4 - Brust / Bauch	*Verwendung* • *Braten* • *Dünsten*

Fleischteile des Schafes	Merkmale		Verwendung in der Küche
Nr. 1 **Schlegel mit Stelze**	mit Knochen oder ausgelöst	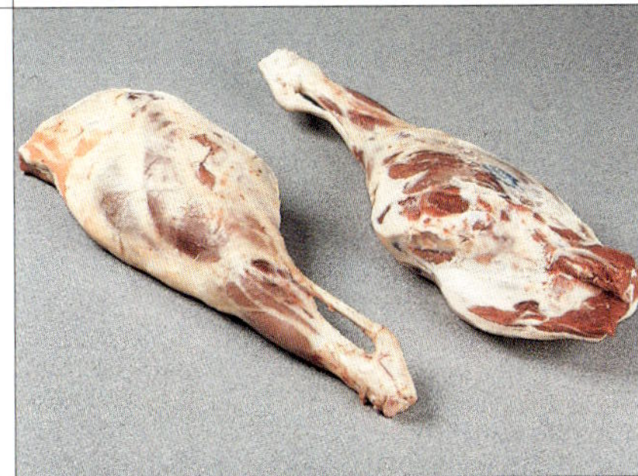	braten, dünsten
Nr. 2 **Rücken**	im Ganzen oder geteilt		braten, grillen, Koteletts, Lammrückenbraten
Nr. 3 **Schulter mit Stelze**	ausgelöst, gerollt	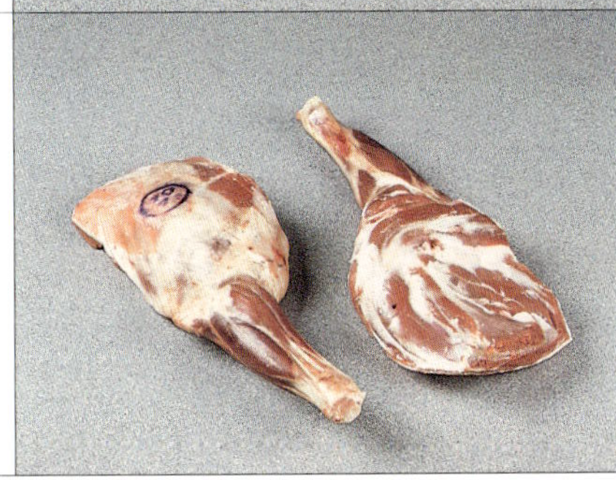	braten, dünsten, Lammbraten, Koteletts, Ragout

Fleischteile des Schafes	Merkmale		Verwendung in der Küche
Nr. 4 **Brust, Bauch, Stelzen**	mit Fett durchzogen		Ragout, Saftfleisch, Eintopfgerichte, Reisfleisch, Gulasch
Hals	ausgelöst		Reisfleisch, Eintopfgerichte

Geflügel, Wild, Kaninchen – Verwendungszweck

Tiere	Verwendung
Geflügel ganz geteilt Wildgeflügel	 mit und ohne Fülle braten, grillen, braten, dünsten, kochen, in Fett backen braten
Wild (Rotwild, Reh – Teile wie beim Rind)	braten, dünsten, wursten
Kaninchen	braten, dünsten, in Fett backen

Gute Qualität kann durch falsche Verwendung und Weiterverarbeitung verlorengehen. Eine Bäuerin muß die Hausfrau beraten können, wozu sie die Fleischteile verwenden kann, wie sie diese zubereiten muß; z. B. Rindsschnitzel nur kurz anbraten, damit sie nicht hart, trocken und geschmacklos werden. Oder daß man aus einem Wadschinkenfleisch keine Suppe kochen sollte.

HALTBARMACHEN VON FLEISCH

HALTBARKEIT VON FRISCHFLEISCH

Frischfleisch ist beschränkt haltbar. Je kleiner die Fleischstücke sind, um so kürzer ist ihre Haltbarkeit.

Die Reifezeit des Fleisches ist unterschiedlich lang!

Rind	7 bis 14 Tage
Wild	7 Tage
Schwein	1 bis 3 Tage
Huhn	einige Stunden
Kaninchen, Schaf	3 bis 5 Tage
Kalb	7 Tage

Maximale Lagerdauer von Fleisch in unverpacktem Zustand

Die folgenden Angaben hinsichtlich der Lagerdauer im Haushaltskühlschrank beziehen sich auf bereits gereiftes Fleisch.

Lebensmittel	**Lagerdauer bei 90% Luftfeuchtigkeit***	
	Haushaltskühlschrank	Kühlräume
Fleischart	+ 2° C bis + 6° C 0,5 kg bis 2 kg	0° C bis 1° C große Stücke
Rind	2 bis 5 Tage	14 Tage
Wild	2 Tage	14 Tage
Schwein	2 bis 3 Tage	5 bis 7 Tage
Faschiertes**	bis 6 Stunden	12 Stunden
Huhn	bis 2 Tage	5 Tage

* Wird die relative Luftfeuchtigkeit von 90% überschritten, so können sich Bakterien rasch vermehren, und das Fleisch verdirbt schneller.

** Faschiertes muß am Tag der Herstellung verarbeitet werden.

Einfluß des Garens auf die Fleischqualität

Hausfrauen sollten die einzelnen Fleischteile kennen, um bei Bedarf das richtige Stück zu wählen. Dennoch kann das beste Fleisch durch falsche Zubereitung an Qualität verlieren.

Die Zartheit des Rindfleisches bei der Zubereitung hängt von der Temperatur ab.

Rindsschnitzel von jungen Tieren müssen kurz angebraten werden, dann bleibt der Kern zart rosa. Das Fleisch behält den Geschmack und läßt sich leicht kauen. Durchgebratene Rindsschnitzel werden trocken und hart. Ursache dafür kann auch unreifes Fleisch sein (zu kurze Fleischreife).
Bei Fleisch mit kurzer Garzeit (z. B. Rostbraten) muß die Zwiebel gesondert gegart werden, denn das Fleisch zerkocht sich sonst, oder die Zwiebel bleibt roh.
Fleisch älterer Tiere hat in den Muskelfasern mehr Bindegewebe, das erst durch längeres Dünsten und Kochen weich wird.

GEFRIEREN VON FLEISCH

Beim Einfrieren wird das Wasser in den Lebensmitteln in Eis überführt, dadurch wird das Wachstum der Schadkeime gehemmt. Der Abbau einzelner Nährstoffe, z. B. Fett, Vitamine, wird verlangsamt, aber nicht gestoppt.

Vorteile des Gefrierens

- Es ist jederzeit Frischfleisch vorhanden;
- der Speisezettel kann abwechslungsreich gestaltet werden;
- die Gefrierware ist rasch verfügbar;
- Frischfleisch muß durch das Gefrieren nicht sofort weiterverarbeitet werden (z. B. zu Wurst);
- im Gefrierfleisch bleiben die Nährstoffe, Vitamine und Mineralstoffe länger erhalten.

Die Qualität der Gefrierware hängt von folgenden Faktoren ab:

- Ausgangsprodukt
- Dauer der Reifezeit des Fleisches
- Fettgehalt
- Zerkleinerungszustand
- Verpackungsmaterial
- Sachgemäßes Verpacken
- Gefriergeschwindigkeit
- Lagertemperatur
- Lagerdauer
- Auftauvorgang

Hinweis: Aufgetautes Fleisch muß sofort verwendet und darf im rohen Zustand nicht nochmals eingefroren werden!

Gefriergeräte

Zum Einfrieren im Haushalt eignen sich sowohl Gefrierschränke als auch Gefriertruhen.
Gefrierfächer im Kühlschrank sind lediglich für eine kurzfristige Lagerung von Gefrierwaren bestimmt und nicht zum Einfrieren geeignet.

Gefrierschrank	**Gefriertruhe**
VORTEILE	
Er benötigt nur eine kleine Stellfläche, dafür mehr Platz in der Höhe.	Bei gleichem Rauminhalt läßt sich mehr Gefriergut lagern.
Die Übersicht über das Gefriergut ist größer, da sich die Ware in einschiebbaren Gitterkörben oder Laden befindet.	Die Truhe ist vom Anschaffungspreis her günstiger.
Die Beschickung ist einfacher, da die Gitterkörbe und Laden herausziehbar sind.	
Zum Einfrieren eignen sich einige oder alle Fächer.	
NACHTEILE	
Durch die Einteilung in Fächer oder Laden ist der Nutzinhalt geringer.	Zum Einfrieren eignet sich nur das kleine Gefrierfach.
Bei gleicher Größe liegt der Anschaffungspreis eines Gefrierschrankes höher.	Aus dem Vorgefrierfach muß die gefrorene Ware umgelagert werden.
	Unübersichtlichkeit; die Ordnung ist schwer aufrechtzuerhalten, da meist zuwenig Lagerkörbe als Ordnungseinrichtung vorhanden sind. Es kann zur Überlagerung einzelner Waren kommen.
	Das Einlagern und die Entnahme sind umständlich. Dabei muß die Gefrierware öfters umgeschichtet werden.

Beim Kauf von Gefriergeräten ist zu beachten:

- Der Nutzinhalt ist auf den gewünschten Bedarf abzustimmen (Richtlinie: 50 bis 100 l je voll zu verpflegende Person).
- Die Geräteleistung ist zu überprüfen:
  Wie groß ist die Gefrierleistung je Stunde?
  Wie hoch ist der Stromverbrauch?
  Wie viele Stunden kann das Gefriergerät bei Stromstörung außer Betrieb sein?
  Wo ist der nächste Kundendienst?

Verpackungsmaterial

Polyäthylenfolien in Schlauch- oder Säckchenform sind für die Verpackung des Fleisches ideal und preiswert. Sie dürfen aus hygienischen Gründen stets nur einmal verwendet werden.
Alufolien und -formen eignen sich ebenfalls als Verpackung; sie sind aber in der Anschaffung teurer. Umweltbewußte Konsumenten lehnen sie wegen des hohen Verbrauches von Primärenergie bei ihrer Erzeugung ab. Alufolien reißen leicht, dadurch ist eine nachteilige Geschmacksübertragung auf das Gefriergut möglich.
Gefriergerechte Kunststoffdosen eignen sich hervorragend für das Einfrieren.
Verschlüsse:
Gummiringe sind billig in der Anschaffung, einfach in der Handhabung und öfters verwendbar.
Metallstreifen sind ebenfalls bequem in der Handhabung. Die Verschlüsse sind jedoch nicht so haltbar.
Etiketten in verschiedenen Farben erleichtern das Auseinanderhalten der verschiedenen Gefrierprodukte.

Vorbereiten des Gefriergutes

Fleisch

- Die Knochen auslösen; magere, knochenfreie Fleischstücke sind besser und länger lagerfähig, sie lassen sich leichter verpacken. Die Luft kann vollständig entfernt werden. Da die Pakete nicht sperrig und daher gut zu stapeln sind, nehmen sie weniger Platz ein. Es besteht weniger Gefahr, das Verpackungsmaterial zu beschädigen, und die vorhandene Qualität bleibt länger erhalten.
  Wird das Fleisch mit den Knochen eingefroren, müssen sie, damit sie nicht vorstehen und das Verpackungsmaterial beschädigen, flach abgesägt und mit Schwarten oder Folien abgedeckt werden.

- Das Fleisch der späteren Verwendung entsprechend portionieren und zurichten (z. B. Schnitzel schneiden, Gulaschfleisch würfeln). Zwischen die einzelnen Schnitzel Folien legen; man kann sie in angetautem Zustand leichter voneinander trennen und rascher weiterverarbeiten.
- Mehrere kleine flache Pakete formen, denn sie frieren rascher durch als große.
- Fertiggerichte rasch einfrieren; sie müssen spätestens zwei Stunden nach dem Kochvorgang auf 10 °C heruntergekühlt sein, damit keine Schadkeimvermehrung stattfindet.

Geflügel

- Das Geflügel innerhalb von 24 Stunden nach der Schlachtung tieffrieren.
- Die Flügel und die Beine sind mit einem Gummiring am Körper zu fixieren, damit sie das Verpackungsmaterial nicht durchstoßen.
- Innereien in ein Säckchen geben und in die Bauchhöhle stecken. Das Säckchen läßt sich beim Auftauen rasch entfernen.
- Die Backhühner vor dem Einfrieren in Portionen teilen.

Putenfleisch wird in Kleinhaushalten nach Bedarfsmenge und für bestimmte Zubereitungsarten geteilt. Die Verwendungsmöglichkeiten sind dadurch vielfältiger, und es entstehen keine Reste.

Das Verpacken von Gefriergut

Nur neue Polyäthylenfolien verwenden, denn sie sind hygienisch und nicht beschädigt.
Sorgfältiges Verpacken erhält die Qualität der Produkte!
Die Luft aus den Paketen entweder sorgfältig ausstreichen oder mit einem Strohhalm aussaugen. Luftpölster verzögern die Gefriergeschwindigkeit und fördern das Ranzigwerden.

Verschiedene Verschlußformen

Paketverschluß

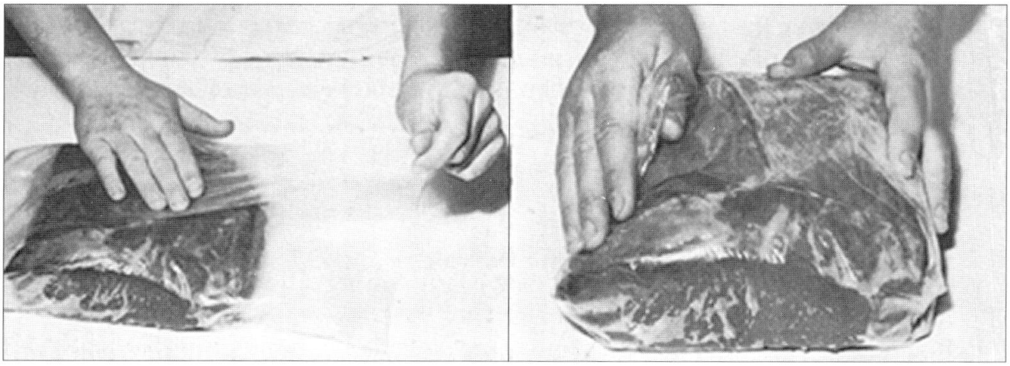

Das Gefriergut wird in die Mitte der Folie gelegt und in sie eingeschlagen. Dabei wird sorgfältig die Luft herausgedrückt. In die übereinandergelegte Folie wird die Beschriftung eingeschoben. Die seitlichen Enden werden sodann in Dreieckform nach oben gelegt und der Verschluß mit Spagat, Gummiringen oder Klebestreifen gesichert. Der Paketverschluß ist die einfachste Verpackungsart.

Faltverschluß

Quelle: Beratungsschrift 2, Einfrieren im bäuerlichen Haushalt (BM f. LuFW)

Die beiden Längsenden werden unter Verdrängung der Luft eingefaltet, bis die letzte Falte dem Gefriergut ganz dicht anliegt.
Dann wird die Umhüllung dicht am Gefriergut nach unten geschoben. Mit Gummiringen, Spagat oder Klebestreifen befestigen.
Das Säckchen verschließt man, indem man die Öffnungskanten nach dem Herausstreichen der Luft bis zum Gefriergut einfaltet. Beim Säckchen und bei Schläuchen kann vor dem Verschließen die Luft auch abgesaugt werden. Die Beschriftungszettel werden in allen diesen Fällen in eine durchsichtige Folie gehüllt und zwischen Gefrierprodukt und Packstoff eingeschoben.

Drehverschluß

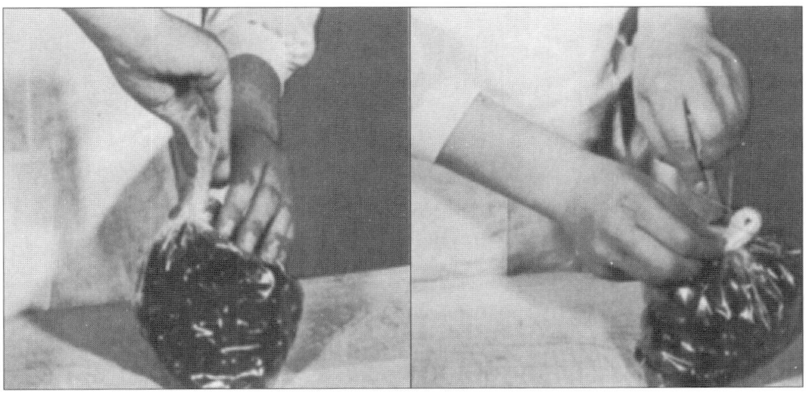

Luft ausstreichen, die Öffnungsenden zusammendrehen, zu einem Hals zurückschlagen und mit Sackverschluß oder Gummiring befestigen.

Beschriften des Gefriergutes

Pakete sollten beschriftet werden, damit eine Überlagerung vermieden wird (Inhalt, Stückzahl und Einfrierdatum).

Beispiel:
3 kg Schweineschlögel, am 5. November 1992 abgepackt
Lagerfähig bei –18° C bis Ende März 1993
Nach dem Auftauen rasch verbrauchen
Andreas Meier, Kulm 4, 9010...

Einfrierregeln

- Bei größeren Einfriermengen das Gerät 6 Stunden vorher auf „super" schalten und damit den Gefriervorgang beschleunigen.
- Frische Ware im Vorgefrierfach einfrieren.
- Ungefrorene Ware nie mit der gefrorenen Ware in Berührung bringen, sonst kommt es zu Qualitätseinbußen, z. B. der Außenrand wird trocken und rascher ranzig.
- Das Fleisch muß 24 Stunden im Vorgefrierfach bei tiefsten Temperaturen lagern, dann erst die Lagertemperatur von –18° bis –20° C einstellen.

Gefriereignung und Lagerdauer verschiedener Fleischarten

Fleischarten	Gefriereignung	Lagerdauer bei –18° C
Fisch, fett	gut	2 Monate
Fisch, mager	sehr gut	6 Monate
Enten	gut	4 Monate
Gänse	gut	6 Monate
Hähnchen	sehr gut	8 Monate
Suppenhühner	sehr gut	10 Monate
Truthühner	sehr gut	8 Monate
Kaninchen	sehr gut	6 Monate
Kalbfleisch	gut	6 Monate
Schweinefleisch, fett	mittelmäßig	3 Monate
Schweinefleisch, mager	sehr gut	bis 5 Monate
Schinken	gut	3 bis 5 Monate
Speck, frisch	mittelmäßig	3 Monate
Faschiertes, ungewürzt	gut	3 Monate
Schaffleisch	sehr gut	5 Monate
Rindfleisch	sehr gut	bis 10 Monate
Wild	sehr gut	bis 6 Monate
Innereien, roh	gut	bis 3 Monate
Fertiggerichte	gut	1 Monat
Blutwürste	mittelmäßig	1 bis 2 Monate
Leberwürste	mittelmäßig	1 bis 3 Monate
Bratleberwurst	mittelmäßig	1 bis 3 Monate
Selchwürste, frisch	mittelmäßig	1 bis 3 Monate
Salami, getrocknet	sehr gut	6 Monate

Hinweis: Die Lagerzeiten können nur mit Hilfe eines Inventars eingehalten werden.

Kontrolle des Inventars (Inhalts)

Ein Inventarverzeichnis gibt Überblick über die vorhandene Gefrierware, beugt Überlagerungen vor und gewährt Anhaltspunkte für den Verbrauch (z. B. Speiseplan).

Beispiel eines Inventarverzeichnisses

Paket	Datum	Lebensmittel/Art/Stück/oder kg	entnommen
21	26. 4.	2 kg Beiried Rind	
22	28. 4.	1 Brathuhn	
23	28. 4.	1 Brathuhn	
24	29. 4.	Gulasch, Fertiggericht	

Aufgrund eines solchen Verzeichnisses ist auch der Platz für Neuzugänge erkennbar.

Abnahme des Gehaltes wichtiger Vitamine bei der Lagerung von eingefrorenem Fleisch (–18° C)

Vitamin B_1	Schwein	6 Monate	0–25 % Verlust
	Rind	11 Monate	9–13 % Verlust
Vitamin B_2	Schwein	6 Monate	bis 37 % Verlust
Vitamin E	Schwein	12 Monate	26–52 % Verlust
	Rind	6 Monate	33–72 % Verlust

Quelle: Frau Dipl. oec. troph. Monika Radke, Trier

Auftauregeln

- Die Gefrierware unverpackt in einem geschlossenen Gefäß im Kühlschrank auftauen. Kleine Stücke in angetautem Zustand verarbeiten.
- Aufgetautes Fleisch rasch verarbeiten. Die Schadkeimvermehrung an der Oberfläche setzt schon während des Auftauens ein.
- Arbeitsflächen, Gefäße und Messer, die beim Auftauen von Wild und Geflügel mit von ihnen austretender Flüssigkeit beschmutzt wurden, mit 85gradigem Wasser gründlichst reinigen, bevor man sie mit Lebensmitteln in Berührung bringt, die zum Rohgenuß bestimmt sind. Geflügel und Wild könnten mit Salmonellen infiziert sein, die durch das Gefrieren nicht getötet wurden.

HERSTELLUNG VON DAUERWAREN

WURSTBEREITUNG

Das Österreichische Lebensmittelbuch (Codex alimentarius Austriacus) dient der Kundmachung von Sachbezeichnungen, Begriffsbestimmungen, Untersuchungsverfahren, Beurteilungsgrundsätzen und Richtlinien, wie die Produkte in Verkehr gebracht werden dürfen.
Im Kapitel B 14 „Fleisch und Fleischwaren"* sind unter anderem die fachgemäße Bezeichnung der einzelnen Wurstsorten, deren Herstellungsrichtlinien und jeweiligen Grenzwerte angeführt.
Sie sind für den Erzeuger, der die Produkte auf den Markt bringt, bindend. Aus diesem Grund werden in diesem Buch die wichtigsten Abschnitte aus dem Kapitel B 14 berücksichtigt.
Werden diese Grenzwerte über- oder unterschritten, ist das Produkt verfälscht. Dies kann bei der Direktvermarktung zu Anzeigen und Strafen führen. Da diese Grenzwerte selbst nicht feststellbar sind, müßte jeder Direktvermarkter seine Produkte von sich aus untersuchen lassen.

Herstellungsrichtlinien

In diesen Richtlinien werden für die einzelnen Wurstsorten lediglich jene Ausgangsmaterialien nach Art und Menge angegeben, die für die erforderliche Beschaffenheit des fertigen Produktes wesentlich sind. Die Richtlinien haben beispielhaften Charakter; gewisse Variationen sind also möglich, sofern die Grenzwerte nicht unter- oder überschritten werden.
Rezepturen mit kg-Angaben können keine Gewähr dafür bieten, daß ein Produkt den Codexbestimmungen entspricht. Denn die Inhaltsstoffe des Fleisches (Eiweiß, Fett, Wasser, Kollagen) hängen vom Alter des Tieres und dessen Fütterung ab; sie sind nicht in allen Fleischteilen gleich vorhanden. So etwa hat das Fleisch junger Tiere weniger Bindegewebe; das Fleisch ist bei Flüssigfütterung wasserreicher; Rückenspeck hat wenig Wasser und mehr Bindegewebe und daher einen höheren Fettgehalt.

EINTEILUNG DER WURSTARTEN

Kochwürste

Streichfähige Kochwürste (Leberstreichwurst), andere Kochwürste (Brat-, Blut-, Sulzwurst)

* Fleisch und Fleischwaren aus dem Österreichischen Lebensmittelbuch, Verlag Brüder Hollinek, Wien.

Rohwürste

Salami, Hauswurst roh

Brüh- oder Bratwürste

Z. B. Extra-, Pariserwurst usw. (Dieses Kapitel wird in diesem Buch nicht behandelt.)

KOCHWÜRSTE (STREICH- UND BLUTWÜRSTE, SULZEN)

Dazu zählen streichfähige Kochwürste und andere Kochwürste.

Streichfähige Kochwürste

Leberpasteten, Leberstreichwürste

Andere Kochwürste

Bratleberwurst, Kärntner Maischerl, Kärntner Weißwurst, Blut- und Sulzwürste.

Codexbestimmungen für Kochwürste

Sorte und Bezeichnung	Herstellungsrichtlinien	Grenzwerte	
Leberpastete	Bei Pasteten gibt es keine Rezeptempfehlungen; es darf keine Stärke (Mehl, Brösel) mitverarbeitet werden		
1. Schnittfeste Leberpastete		Kollagenwert Wasser: Eiweiß Fett: Eiweiß	12,0 4,0 2,5
2. Streichfähige Leberpastete		Kollagenwert Wasser: Eiweiß Fett: Eiweiß	12,0 4,5 3,0
Leberstreichwürste			
Sorte 1, z. B.:			
• Gutsleberwurst	30 Teile Leber vom Schwein oder Kalb	Kollagenwert Wasser: Eiweiß Fett: Eiweiß	15,0 4,0 2,6
• Bauernleberstreichwurst, feine Leberstreichwurst	25 Teile mageres Fleisch vom Schwein oder Kalb		
• Hermagorer Leberstreichwurst	45 Teile fette Abschnitte		

Sorte und Bezeichnung	Herstellungsrichtlinien	Grenzwerte
Sorte 2, z. B. • Leberstreichwurst; ohne besondere Hervorhebung, sonst wird das Produkt der Sorte 1 zugerechnet	25 Teile Leber vom Schwein 22 Teile Schweinskopffleisch mit Schwarte 15 Teile Innereien, Milz, Herz, Zunge	Kollagenwert 25,0 Wasser: Eiweiß 4,0 Fett: Eiweiß 4,0
• Leberstreichwurst grob (bezieht sich auf die Herstellung)	38 Teile fette Abschnitte mit Schwarte	
Sorte 3 Name ohne Wortverbindung mit Leber	15 Teile Leber 20 Teile Schweinskopffleisch mit Schwarte	Kollagenwert 30,0 Wasser: 4,0 Fett: Eiweiß 3,4
Streichwurst	15 Teile Innereien 10 Teile Schwarte 40 Teile fette Abschnitte mit Schwarte	
Andere Kochwürste		
Bratleberwurst	Schweinskopffleisch mit Schwarte, fette Abschnitte; Innereien – mindestens 5% Leber, nicht über 12 Teile Suppe, nicht über 10 Teile Weißbrot und Zerealien*	
Kärntner Maischerl und Weißwürste	Sind im Codex der Bratleberwurst zugeordnet, sie werden ohne Innereien bereitet	
Bratblutwurst	Schweinskopffleisch mit Schwarte, Schweineblut, nicht über 5 Teile Weißbrot und Zerealien, nicht über 5 Teile Brühe und Milch nach Bedarf	

* Zerealien: Gekochter Reis, Hirse, Rollgerste, Buchweizen.

Für Blut- und Sulzwürste sowie Sulzen sind Codex-Richtlinien in Ausarbeitung.

Herstellungsrichtlinien

Zubereitung

Das Fleisch muß möglichst rasch nach der Schlachtung gekocht werden, damit
- der typische Fleischgeschmack erhalten bleibt;
- die erzeugten Produkte geschmeidig und streichfähig werden (Innereien, z. B. Leber, werden roh oder überbrüht verarbeitet. Das Eiweiß der rohen Leber umschließt die Fettmoleküle, bei rascher Verarbeitung bildet sich kein Fettrand.);
- die fertige Masse locker in Därme gefüllt werden und somit beim Brühen nicht platzen kann.

Erhitzen

Erhitzungstemperatur und Brühdauer sind unbedingt einzuhalten.
Die Kerntemperatur von 72° C muß erreicht werden, daher richtet sich die Erhitzungsdauer nach dem Durchmesser der Wurst.
Wird die Kerntemperatur nicht erreicht, wird die Wurst sauer und damit verdorben.
Beispiel:
Eine Preßwurst im Darm von 100 Kaliber* wird ca. $1^1/_2$ Stunden mit 80° C gebrüht.
Dieselbe Wurst in einem Darm vom 120–135 Kaliber wird ca. 2 Stunden lang gebrüht.
Leberstreichwürste in Gläsern werden $2^1/_2$ Stunden bei 90° C sterilisiert. Diese Methode ist nur für den Verbrauch im Haushalt zu vertreten, bei der Vermarktung kann es Schwierigkeiten geben.

Abkühlen

Das Abkühlen darf nicht schockartig erfolgen. Es beginnt in lauwarmem Wasser, dem nach und nach kaltes Wasser zugesetzt wird.
Während des Abkühlens müssen die Leberstreichwürste gerollt oder massiert werden, damit sich das Randfett gleichmäßig verteilt. Der Arbeitsgang des Rollens ist besonders wichtig, wenn der Leberanteil gering ist und der Masse keine Emulgatoren (verhindern ein Absondern des Fettes) zugesetzt wurden.

* Kaliber = Durchmesser der Würste

Sauberkeit

Sauberes und rasches Arbeiten ist Grundbedingung dafür, daß die Materialien schadkeimarm bleiben.

Lagerfähigkeit

Kochwürste haben eine beschränkte Lagerfähigkeit

Art der Lagerung	Tage/Monate	Lagertemperatur
frisch	bis 7 Tage	+ 2 bis + 6° C
vakuumverpackt	6 bis 8 Tage	+ 2 bis + 6° C
gefroren	bis 1 Monat	– 18° C

Rezepte für streichfähige Kochwürste

Grobe Leberstreichwurst

Zutaten für 10 kg Masse
3 kg Schweinsleber
6,5 kg Fleisch vom Göderl
oder durchwachsener Bauch
3 kg Zwiebeln

Gewürze für 1 kg Masse
22 g Salz, 3–4 g Mischgewürz
(Weißer Pfeffer, Ingwer, Majoran,
Basilikum, Neugewürz, Thymian)
oder Fertiggewürz

Zubereitung
- Fleisch 30 Minuten bei 100° C brühen.
- Leber kurz brühen.
- Zwiebeln würfelig schneiden und rösten.
- Leber und Zwiebeln zweimal fein wolfen oder kuttern.
- Fleisch mit einer 6 bis 8-mm-Lochscheibe wolfen.
- Masse mit den Gewürzen gut durchmischen.
- In Naturdärme füllen, bei 80° C 60 bis 120 Minuten brühen.
- Die Erhitzungsdauer richtet sich nach dem Durchmesser der Würste (Kaliber); es muß eine Kerntemperatur von 72° C erreicht werden.
- Langsam abkühlen.
- Bei 18 bis 20° C einen Tag räuchern.

Feine Leberstreichwurst

Zutaten für 10 kg Masse
3 kg Schweinsleber
2,5 kg mageres Schweinefleisch
4,5 kg fette Abschnitte

Gewürze für 1 kg Masse
20 g Salz (oder Nitritpökelsalz), 20 g geröstete Zwiebeln, 3–4 g Mischgewürz (Weißer Pfeffer, Muskatblüte – Macis, Pfefferkraut) oder Fertiggewürz nach Gebrauchsanweisung

Zubereitung

- Rohe Leber zweimal sehr fein wolfen oder kuttern, mit dem Salz gut vermischen und kühl stellen.
- Die fetten und mageren Fleischabschnitte bei 100° C 20 Minuten lang brühen.
- Das noch sehr heiße Fleisch wolfen oder kuttern. Die Temperatur der Fleischmasse soll dabei zwischen 45 und 50° C liegen.
- Leber und Gewürze mit der Fleischmasse gut vermischen. Die Temperatur darf dabei nicht unter 35° C sinken; nur dann umschließt das Lebereiweiß die Fettmoleküle; es entsteht kein Fettrand.
- Die Masse in Kochdärme für Leberwürste füllen.
- Solange brühen, bis eine Kerntemperatur von 75° C erreicht ist. Der Brühvorgang dauert je nach Kaliber 45 bis 90 Minuten.
- Bei Verwendung von Nitritpökelsalz die gefüllten Würste in 60° C heißes Wasser legen, die Temperatur 30 Minuten halten. Anschließend die Temperatur langsam auf 80° C erhöhen. Dabei erfolgt die Umrötung.
- Nach dem Brühen die Leberwürste kalt abschrecken oder langsam abkühlen.
- Für den Frischverbrauch bis maximal 7 Tage bei 2 bis 6° C lagern oder einfrieren.

Leberstreichwurst Sorte 1

Zutaten für 10 kg Masse
3 kg Schweinsleber
3 kg Schweinsköpfe
4 kg Griffe und Göderln

Gewürze für 1 kg Masse
20 g Salz, 4 g Mischgewürz (Pfeffer, Majoran, Thymian, Muskatblüte und Neugewürz)

Zubereitung
wie feine Leberstreichwurst

Leberstreichwurst Sorte 2

Zutaten für 10 kg Masse
2,5 kg Schweinsleber
3 kg Schweinskopffleisch mit Schwarte
1 kg Innereien (Milz, Herz, Zunge)
3,5 kg fette Abschnitte mit Schwarte

Gewürze für 1 kg Masse
20 g Salz, 30 g geröstete Zwiebeln, Knoblauch nach Geschmack, 4 g Mischgewürz (Pfeffer, Majoran, Thymian, Ingwer, Neugewürz)

Zubereitung
wie feine Leberstreichwurst

Streichwurst Sorte 3

Zutaten für 10 kg Masse
1,5 kg Schweinsleber
2 kg Schweineköpfe, gekocht
1,5 kg Innereien (Milz, Herz, Zunge)
1 kg Schwarten
4 kg fette Abschnitte

Gewürze für 1 kg Masse
25 g Salz, 20 g Pfeffer, 30 g geröstete Zwiebeln, Gewürze (Majoran, Thymian, Basilikum und Knoblauch) nach Geschmack

Zubereitung
wie feine Leberstreichwurst

Rezepte für andere Kochwürste

Bratleberwurst

Zutaten für 10 kg Masse
3 kg Schweinskopffleisch
0,5 kg Leber
2 kg Innereien (Milz, Herz, Zunge)
1 kg Schwarten
1,5 kg fette Abschnitte
1 l Brühe
1 kg Weißbrot oder gekochte Zerealien (Rollgerste, Buchweizen, Hirse, Reis)

Gewürze für 1 kg Masse
22 g Salz, 20 g Zwiebeln, 4 g Mischgewürz (Pfeffer, Majoran, Basilikum, Neugewürz)

Zubereitung
- Fleisch, Schwarten, Herz, Zunge kochen, ausbeinln.
- Fleisch und Innereien durch die 3-mm-Scheibe wolfen.
- Mit gewürfeltem Weißbrot oder gekochten Zerealien vermengen, würzen und die

Masse mit Suppe geschmeidig machen.
- In Schweinedärme füllen und abbinden. In 80° C heißem Wasser kurz brühen und in kaltem Wasser kühlen.
- Einfrieren.

Maischerl

Zutaten für 10 kg Masse
4 kg gekochtes Schweinskopffleisch
3 kg überbrühte Göderln
1 kg gekochte Schwarten
1 kg gekochte Suppe
1 kg Weißbrot oder gekochte Zerealien
Schweinsnetz nach Bedarf

Gewürze für 1 kg Masse
25 g Salz, 20 g Pfeffer,
Majoran, Thymian, Neugewürz,
20 g geröstete Zwiebeln

Zubereitung
- Alle gekochten Teile mit der 3-mm-Lochscheibe wolfen.
- Mit würfelig geschnittenem Weißbrot oder gekochten Zerealien vermengen, würzen und die Masse mit der Suppe geschmeidig machen.
- Kugeln formen und ins Schweinsnetz einhüllen.
- Für den Frischverbrauch kühl lagern oder einfrieren.

Blutwürste

Es gibt Blutwürste mit (z. B. mit Rollgerste) und solche ohne Zerealien (z. B. Thüringer oder geräucherte Blutwürste).
Blut ist besonders nährstoffreich, dadurch können sich alle Schadkeime gut vermehren (bei der Blutgewinnung und -verarbeitung ist auf größte Sauberkeit zu achten). Man sollte das Blut mit Kochsalz oder einem Antigerinnungsmittel vor dem Rühren vermischen. Blut muß sofort nach dem Schlachten einige Zeit gerührt werden. Durch den dabei eingebrachten Sauerstoff bleibt die Farbe erhalten. Danach ist das Blut bis zur Verarbeitung auf 3° C zu kühlen, damit sich die Keime nicht so gut vermehren.
Sofort nach der Schlachtung verarbeitetes Fleisch ergibt den besten Geschmack.
Getrocknete Gewürze (Thymian, Majoran, Piment) können, im Gegensatz zu Gewürzextrakten, die Farbe ins Bräunliche verändern.
Der **Speck** sollte in sehr kaltem Zustand gewürfelt und anschließend mit heißem Wasser abgebrüht werden, damit die Außenschicht der Würfel schmilzt und das Blut den Speck nicht mehr rot färben kann.
Werden Blutwürste ohne Zerealien (Reis, Rollgerste usw.) verarbeitet, müssen das Fleisch und die Zunge vorgepökelt werden, damit das Endprodukt (z. B. Thüringer) ein schöneres Schnittbild aufweist.

Geräucherte Blutwurst

Zutaten für 10 kg Masse
4 kg gepökeltes, gekochtes Schweinskopffleisch
3 kg Speckwürfel, vorgebrüht
1,5 kg Schwarte, gebrüht
1,5 kg gesalzenes Blut

Gewürze für 1 kg Masse
60 g Blutwurstfertiggewürz,
30 g geröstete Zwiebeln

Zubereitung
- Die gepökelten Schweinsköpfe kochen und noch warm auslösen.
- Das erkaltete Fleisch mit einer 8-mm-Lochscheibe wolfen.
- Schwarte brühen, noch warm mit 3-mm-Lochscheibe wolfen und mit Blut vermischen.
- Die Fleischmasse, den Speck und die Gewürze zu den Schwarten geben, eventuell nachwürzen und gut vermischen.
- Sofort in die Naturdärme füllen und bei 80 °C je nach Dicke 1 bis 2 Stunden brühen. Es muß eine Kerntemperatur von 72 °C erreicht werden.
- Anschließend bei 50 bis 60 °C eine Stunde lang räuchern.

Blutwurst mit Rollgerste

Zutaten für 10 kg Masse
5 kg gekochtes Schweinskopffleisch
1 kg fette Abschnitte
1 kg gekochte Schwarten
2 kg Blut
0,5 kg Rollgerste
0,5 kg Schweinskopfsuppe

Gewürze für 1 kg Masse
20 g Salz, 20 g Pfeffer,
10 g Majoran,
2 g Basilikum,
1 g Neugewürz

Zubereitung
- Das gekochte Fleisch mit den fetten Abschnitten wolfen.
- Die Schwarten brühen, noch warm sehr fein wolfen und mit dem Blut vermischen; die übrigen Zutaten beimengen.
  Sinkt die Temperatur der Masse unter 30 °C, verliert die Masse die Bindigkeit.
- In Därme füllen, bei 80 °C brühen.
- Mit lauwarmem Wasser abspülen, kühl lagern oder einfrieren.

Sulz und Sulzwürste

Bei der Fleischverarbeitung fallen Teile an, die sich besonders für die Bereitung von Sulzen eignen, z. B. Schweinskopf, Schwarte und Schweinsfüße.
Schweinsköpfe können frisch oder gepökelt zu Sulz verarbeitet werden. Gepökeltes Fleisch gibt der Sulz eine schöne rote Farbe.
Das Material für die Sulzerzeugung darf nicht zu lange gebrüht werden, damit seine Gelierkraft nicht verlorengeht.
Um eine klare Sulz zu bekommen, wird das an den gekochten Fleischstücken und Schwarten anhaftende Fett mehrmals mit heißem, dann mit kaltem Wasser gespült und schließlich von der erkalteten Brühe abgeschöpft.
Die Beigabe von etwas Essig erhöht die Gelierkraft.
Ein schöneres Anschnittbild entsteht, wenn man mageres Fleisch größer und fettes kleiner würfelt.

Haussulz

Zutaten für 10 kg Masse
4 kg gekochtes Schweinskopffleisch
2 kg gekochte Schwarten
0,5 kg gekochte Karotten
3,5 l entfettete Fleischschwartensuppe
etwas Essig

Gewürze zum Kochen
Wurzelwerk, Zwiebeln, Pfefferkörner; bei Bedarf die Sulz mit Salz und Pfeffer nachwürzen

Zubereitung
- Köpfe mit viel Wurzelwerk und Gewürzen bei 80° C brühen, bis sich das Fleisch von den Knochen löst, danach sofort auslösen.
- Schwarten nicht zu weich brühen.
- Das warme Fleisch und die Schwarten einige Male sehr heiß schwemmen und einmal kalt spülen.
- Mageres Fleisch in 4 cm große Würfel, fettes Fleisch in 1 cm große Würfel schneiden.
- Karotten in Scheiben schneiden.
- Alle Zutaten mit Suppe und Essig mischen und eventuell nachwürzen.
- Masse in einen flachen Kochtopf schütten und erkalten lassen.
- Sulzen sind bei + 4° C eine Woche lagerfähig.

Preßwurst

Zutaten für 10 kg Masse
7 kg gepökeltes Schweinskopffleisch
3 l Kochsuppe
Essig

Gewürze für die Suppe
Wurzelwerk, Zwiebeln,
Pfefferkörner, Salz

Zubereitung
- Die gepökelten Schweinsköpfe solange bei 80 °C brühen, bis sich das Fleisch von den Knochen löst.
- Das Fleisch noch warm auslösen und mehrmals in heißem, anschließend in kaltem Wasser spülen.
- Fleisch in gleichmäßige Würfel schneiden, mit Suppe und Essig vermischen. Bei Bedarf mit Salz und Pfeffer oder Fertiggewürzen nachwürzen.
- Masse in Spezialdarm (Kaliber 120) füllen, straff zubinden und bei 80 °C ca. 2 Stunden brühen.
- Abduschen.
- Auf ein Brett legen, mehrmals wenden, damit die Einlage gleichmäßig verteilt wird.
- Lagerfähigkeit bei + 4 °C eine Woche.

Die häufigsten Fehler und deren Ursachen bei Kochwürsten

Leberstreichwurst	
Fehler	**Ursachen**
Grauer Kern	Zu kurze Umrötungszeit bei Verwendung von Nitritpökelsalz Überlagertes Nitritpökelsalz
Grüner Kern	Zu kurze Brühdauer; die Kerntemperatur von 72 °C wurde nicht erreicht
Schlechter Geruch und Geschmack	Bei Verwendung von roher Zwiebel und zu kurzer Brühdauer entsteht eine Säuerung Lagerung in zu warmen Räumen
Zu hohe Schadkeimzahl	Unsauberes Arbeiten Zu kurze Brühdauer Zu geringe Brühtemperatur Lagerung in zu warmen Räumen

In allen Fällen ist die Leberstreichwurst verdorben!

Blutwürste	
Fehler	**Ursachen**
Blutige Speckwürfel	Speck wurde nicht genügend gebrüht Zu langsames Arbeiten; der Speck hatte zu lange Kontakt mit dem rohen Blut
Mangelnde Schnittfestigkeit*	Rohmaterial zu wenig gekocht Lagerung in zu warmen Räumen Beginnende bakterielle Zersetzung
Säuerung*	Zu kurze Brühdauer, oder Brühtemperatur ist zu niedrig; die Kerntemperatur wurde nicht erreicht Lagerung in zu warmen Räumen Beginnende bakterielle Zersetzung

* Die Blutwurst ist verdorben!

Sulzen	
Fehler	**Ursachen**
Mangelnde Festigkeit	Rohmaterial zu wenig gekocht Zu geringer Schwartenanteil Fertige Ware zu stark und zu lange erhitzt Nach der Essigzugabe nicht mehr erhitzt Lagerung in zu warmen Räumen

ROHWÜRSTE (HAUSWURST, SALAMI)

Dazu zählen Rohwürste mit Belag (z. B. Ungarische Salami) und Rohwürste ohne Belag (z. B. rohe Hauswurst).
Rohwürste bestehen aus rohem, zerkleinertem Fleisch und Speck. Die Rohwurstmasse wird mit Salz und Gewürzen vermischt, in Därme abgefüllt und bei entsprechender Temperatur und Luftfeuchtigkeit gereift und getrocknet.
Die Haltbarkeit ist zurückzuführen auf

- die Anwesenheit spezieller Milchsäurebakterien;
- den Zusatz von Kochsalz;
- den Ausschluß von Luftsauerstoff und
- die sorgfältige Abtrocknung.

Die Herstellung von Rohwürsten erfordert besondere Sorgfalt und große Erfahrung.

Rohmaterial und Zutaten

Fleisch

Nur gutes, ausgekühltes, reifes Fleisch von einwandfreier Qualität verwenden (d. h. von gesunden, gut gemästeten, nicht zu jungen Tieren, die sorgfältig geschlachtet wurden).
Die Schweine sollten ein Mindestendmastgewicht von 140 kg haben. Je älter die Schlachttiere sind, um so kräftiger sind die Fleischfarbe und das Aroma der daraus erzeugten Produkte.
Rohwürste aus reinem Schweinefleisch sind elastisch und gut im Geschmack.
Rohwürste aus Rindfleisch sind schwer herzustellen, da die Reifung und Trocknung sehr schwierig sind. Es treten daher häufig Fehler auf.
Folgende Zusammensetzung verschiedener Fleischarten hat sich bewährt:
$^1/_3$ vom Schwein
$^1/_3$ vom Rind oder Wild oder Schaf und
$^1/_3$ Speck.

Speck

Für langsam reifende Rohwürste eignet sich der Rückenspeck von älteren Tieren besser als andere Speckarten. Er ist fettreicher als die übrigen Specksorten.
Die Speckqualität soll kernig, nicht weich oder ölig sein.
Wird eingefrorener Speck verwendet, so darf dieser nicht ranzig sein. Dies würde die Lagerfähigkeit, den Geschmack und die Farbe der Rohwürste beeinflussen.
Der in Streifen geschnittene Speck sollte kurz angefroren werden. Dadurch verliert er etwas Wasser und läßt sich maschinell besser schneiden.

Salz

Der Zusatz von 2,2% bis 3,0% Kochsalz ist wichtig. Wird mit weniger Salzzugabe gearbeitet, dürfen auf dem Hygienesektor nicht die kleinsten Fehler gemacht werden.
Kochsalz beeinflußt die Wasserabgabe von innen nach außen während des Reifungsprozesses und wirkt konservierend.
Ein Zusatz von Nitritpökelsalz oder Salpeter ist üblich, denn er unterstützt die Reifung, hemmt die Schadkeimvermehrung und verhindert das Ranzigwerden.

Salpeter

Zu Rohwürsten mit einer langen Reifungszeit (Salami, Hauswürste in Stangen) wird pro kg Masse ca. 0,5 g Salpeter zugesetzt.
Zu den Hauswürsten mit kurzer Reifungszeit gibt man Pökelsalz.

Zucker

Durch die Beigabe von Zucker werden die Milchsäurebakterien optimal versorgt, und es kommt zu der gewünschten Säurebildung. Im Codex sind bei den einzelnen Sorten die Zuckerhöchstmengen angegeben (2 bis 6 g/kg Fleisch).
Bei Verwendung von Fertiggewürzen müssen die Höchstmengen von Zucker reduziert werden, da in den Gewürzmischungen schon Kohlehydrate enthalten sind.
Die Beigabe von Zucker hat mit viel Fingerspitzengefühl zu erfolgen, denn Schadkeime ernähren sich vom Zucker.
Zu hohe Zuckergaben und zu hohe Temperaturen während des Reifungsprozesses ergeben eine porige Wurst mit kratzendem und beißendem Geschmack.
Wird mehr als ein Drittel des im Codex angegebenen Zuckers mit Traubenzucker gedeckt, kann es in den ersten Tagen der Reifung zu einer starken Säuerung kommen, und die Würste platzen.

Gewürze

Die Gewürze (Pfeffer, Knoblauch, Salz, Salbei, Rosmarin, Rotwein, Rum und Cognac) verfeinern den Geschmack und Geruch der Rohwurst.
Knoblauch wirkt salmonellenhemmend, Salbei und Rosmarin verzögern das Ranzigwerden.
Gewürze dürfen nicht verschimmelt sein, sie würden den Schimmelpilz auf die Wurstmasse übertragen.

Sonstige Zusätze

Impfungen mit Starterkulturen unterstützen den Reifungsprozeß. Die Würste werden früher schnittfest. Die Schimmelbildung bei Salamiwürsten kann durch eine Impfung mit Spezialschimmelkulturen gefördert werden.

Herstellungsrichtlinien

Zubereitung

- Sauber, zügig und bei kühlen Temperaturen arbeiten.
- Das Fleisch mit scharfen Messersätzen zerkleinern, dabei darf es sich nicht erwärmen.
- In Natur- oder Spezialdärme füllen. Es gibt Kalibergrößen von 35 bis 120 mm. Je größer der Durchmesser, desto schwieriger ist die Trocknung der Würste.
- Naturdärme sorgfältig reinigen und jegliches Fett entfernen, sonst kommt es zu Geschmacksveränderungen.
- Vor dem Abfüllen sämtliches Wasser aus dem Darm ausstreifen und ausklopfen.
- Damit die fertige Wurst wenig Luft enthält, muß bereits die Wurstfüllmaschine dicht gefüllt werden. Lufteinschlüsse fördern das Ranzigwerden.

Reifungs- und Trocknungsvorgänge

Das Reifen und Trocknen ist der schwierigste und heikelste Abschnitt bei der Rohwursterzeugung; er bedarf großer Erfahrung und ständiger Kontrollen.
Die verschiedenen Milchsäurebakterien in der Wurst bauen den Zucker zu Säuren ab und senken dadurch den pH-Wert. Es entsteht ein milchsäuerlicher Geschmack. Der pH-Wert beeinflußt auch die Wasserabgabe, Schnittfestigkeit und hemmt die Schadkeimvermehrung.
Über die Wursthülle wird das Wasser von der Randschicht an die Raumluft abgegeben. In den Randschichten entsteht eine Kochsalzkonzentration. Das Kochsalz wandert zur Kernmitte, entzieht den Magerfleischfasern das Wasser mit den darin gelösten Eiweißstoffen und befördert es wieder zu den Randschichten.
Eine gute Feuchtigkeitsabgabe vom Inneren der Wurst zur Raumluft kann nur bei einem Wasserdampfdruckgefälle stattfinden. Aus diesem Grund müssen Raumtemperatur, relative Raumfeuchtigkeit und Luftgeschwindigkeit optimal abgestimmt sein, sonst entsteht ein Trockenrand, der die Feuchtigkeitsabgabe unterbindet. Die Wurst verdirbt (säuerlicher oder fauliger Wurstkern).
Man kann Rohwürste auch räuchern. Der Rauch konserviert und hemmt die Schimmelpilzbildung. Die Wurst trocknet rascher ab. Die Rauchtemperatur hängt vom Rezept ab. Salami sollte bei 15 bis 18° C geräuchert werden, denn dann können sich an der Hülle noch Schimmelpilze ansiedeln.

Faktoren, die die Reifung und Trocknung beeinflussen

Rezeptur:
- Kochsalz, Zuckermenge, Fettgehalt der Rohware, Zugabe von Starterkulturen
- Zerkleinerungsgrad der Rohware
- Durchmesser der Würste (Rohwürste mit sehr großem Durchmesser müssen sehr langsam getrocknet werden.)
- Relative Luftfeuchtigkeit der Räume
- Temperatur der Räume und
- Luftgeschwindigkeit (Luftaustausch) in den Räumen ergeben das Raumklima.

Das **Raumklima** ist abhängig
- vom Bauzustand und den Baustoffen;
- von der allgemeinen Gebäudeheizung;
- von der Lüftungsmöglichkeit;
- von der Lage der Reifungs- und Trocknungsräume;
- von der Lage des Hauses;
- vom Außenklima (Seehöhe, Luftfeuchtigkeit, Temperaturschwankungen) und
- von der Jahreszeit.

Durch regelmäßige Kontrollen und Messungen werden Reifung und Trocknung überwacht.

In der Industrie sind Reife- und Trockenräume mit Spezialgeräten ausgestattet, die das Raumklima optimal steuern.

Empfohlene Meßdaten für die Reifung und Trocknung der Rohwürste

Zeitraum	Raumtemperatur	Relative Luftfeuchtigkeit*	Luftgeschwindigkeit
Reiferaum			
4 bis 6 Stunden	20 – 22°	55 – 60%	
Bis zum 3. Tag	22 – 20°	95 – 90%	0,5 – 0,8
4. bis 10. Tag	18°	90 – 80% fallend	wird langsam gesenkt
Trockenraum ab dem 10. Tag	15 – 13°	bis 75%	0,1

* Relative Luftfeuchtigkeit ist das Maß für die Höhe der Sättigung der Luft mit Wasserdampf. Die relative Luftfeuchtigkeit wird mit Feuchtigkeitsmeßgeräten ermittelt (z. B. mit dem Hygrometer)

Nach dem Abfüllen muß die Wursttemperatur in 4 bis 6 Stunden die Temperatur des Reifungsraumes erreichen.
In der Aufwärmphase darf an der Wursthülle kein Wasserdampf kondensieren. Wasser kann aus den Randschichten den Muskelfarbstoff entziehen. Die Wurst bekommt einen grauen Rand. Häufiges Waschen der Würste während der Reifung und Trocknung kann denselben Fehler hervorrufen.

Liegt die relative Luftfeuchtigkeit in den ersten Tagen bei 95%, kommt es zu keiner Wasserabgabe aus der Wurst.
Wenn die relative Luftfeuchtigkeit zu stark absinkt, bildet sich ein Trockenrand, der den Trocknungsprozeß beeinträchtigt.
Steigt die Raumtemperatur in den ersten drei Tagen des Reifens über 22° C, vermehren sich die schädlichen Mikroorganismen besonders schnell.
Bei langsam gereifter Salami (z. B. Ungarischer Salami) mit stärkerem Durchmesser werden die Anfangstemperaturen sogar oft unter 20° C gehalten. Die Reifung und Trocknung dauern mindestens 10 Wochen.
Rohwürste mit geringem Durchmesser sind in 4 bis 8 Wochen fertig.
Die Luftgeschwindigkeit muß an allen Stellen der Reifungs- und Trocknungsräume gleich sein, damit die Würste nicht umgehängt werden müssen.
Die Verwendung von Spezialgeräten (wie Raumthermometer, Luftfeuchtigkeitsmesser, Luftgeschwindigkeitsmesser) erleichtert die Kontrollarbeit.

Faktoren, welche die Qualität der Rohwurst beeinflussen

Das Rohmaterial
- Keimgehalt des Fleisches
- Kühltemperatur
- pH-Wert
- Totenstarreverlauf

Reinheit; Alter und Menge der Zusatzstoffe
Kochsalz, Nitritpökelsalz, Salpeter, Zuckerstoffe, Gewürze, Starterkulturen

Verarbeitungsbedingungen
- Personen-, Raum- und Gerätehygiene
- Raumtemperatur
- Genauigkeit

Die Reifebedingungen
- Temperatur, relative Luftfeuchtigkeit
- Luftgeschwindigkeit

Qualitätsmerkmale beim fertigen Produkt

- Grenzwerte
- Keimgehalt in der Masse
- Erwünschte Mikroorganismen
- Vorhandene Schimmelpilze
- Grad der Räucherung
- pH-Wert = Säuerung
- aW-Wert = Wasseraktivität in der Wurst
- Je höher der Abtrocknungsgrad, desto geringer ist die Wasseraktivität
- Abtrocknungsgrad

Rindfleischeinteilung laut Codex

Das für die Wursterzeugung verwendete Rindfleisch wird in folgende Sorten eingeteilt:

Rindfleisch I

- Knöpfel ohne Wadschinken
- Englischer ohne Rostbraten
- Dicke Schulter, jeweils von den groben Sehnen befreit
- Rindfleisch II, gut entsehnt

Rindfleisch II

- Schulter ohne dicke Schulter und ohne Wadschinken
- Vorderer und hinterer ausgelöster Rostbraten
- Ganze ausgebeinte Tiere ohne Ortschwanzl (Schale), Englischer Braten, Kopf
- Ganze Vorderviertel von groben Sehnen befreit

Rindfleisch III

- Bindegewebereiches Fleisch
- Platte, Wadschinken, Spitz
- Brust, Kopffleisch, Schlund ohne Schleimhaut und Knochenputz

Für das Fleisch anderer Tierarten gibt es keine so genaue Einteilung; es werden lediglich die Eigenschaften „sehnenfrei“, „mager“ angeführt.

Codexbestimmungen für die im Buch behandelten Rohwürste

Bezeichnung	Herstellungsrichtlinien	Grenzwerte
Rohwürste mit Belag		
Ungarische Salami	72 Teile mageres, sehnenfreies Schweinefleisch 28 Teile Speck 4 g Zucker/kg Trocknungsverlust ca. 35%	Kollagenwert 11,0 Wasser:Eiweiß 1,2 Fett:Eiweiß 2,1 pH-Wert nicht unter 5,8
Haussalami Heurigensalami Salami ohne Bezeichnung	70 Teile Rindfleisch I + II ev. aus magerem Schweinefleisch 30 Teile Speck* 4 g Zucker/kg Trocknungsverlust ca. 32%	Kollagenwert 16,0 Wasser:Eiweiß 1,3 Fett:Eiweiß 1,3 pH-Wert nicht unter 5,8
Jede Salamibezeichnung muß einen weißen Schimmelbelag aufweisen, ansonsten ist dies eine Rohwurst ohne Belag.		
Rohwürste ohne Belag		
Hauswurst roh	70 Teile Rindfleisch II oder mageres Schweinefleisch 30 Teile Speck* 6 g Zucker/kg Trocknungsverlust ca. 32% Rauchtemperatur nicht über 25° C	Kollagenwert 18,0 Wasser:Eiweiß 3,0 Fett:Eiweiß 2,4 pH-Wert nicht unter 5,3
* Bei Verwendung von reinem Rückenspeck sollten jeweils um 3 Teile weniger Speck als angegeben genommen werden, damit der Grenzwert von Fett: Eiweiß nicht überschritten wird.		
Landjäger Almjäger rund oder abgepaßt Almjäger werden in Därme mit einem Durchmesser von 33 mm bis nicht über 50 mm gefüllt	Zwei Drittel Rindfleisch II + III und/oder Schweinefleisch, ein Drittel Speck, Zucker wie Hauswurst roh Trocknungsverlust ca. 30%	Kollagenwert 23,0 Wasser:Eiweiß 1,5 Fett:Eiweiß 2,6 pH-Wert nicht über 5,2

Rezepte für Rohwürste mit Belag

Ungarische Salami

Zutaten für 10 kg Masse
7,2 kg mageres, sehnenarmes Schweinefleisch
2,8 kg Speck

Gewürze für 1 kg Masse
24–28 g Kochsalz
0,5 g Salpeter
6 g Zucker
20 g Pfeffer
Knoblauch, Rotwein nach Geschmack
eventuell Reifekulturen
eventuell Reinschimmelkulturen

Zubereitung der Wurstmasse
- Schweinefleisch in faustgroße Stücke schneiden.
- Mit Salz und Salpeter salzen.
- Einige Tage im Kühlraum vorpökeln (Fleischsaft nicht zur Wurstmasse geben!).
- Reifekulturen nach Gebrauchsanweisung verwenden.
- Fleisch mit 8-mm-Lochscheibe wolfen.
- Speckstreifen anfrieren und kleinwürfelig schneiden.
- Alle Zutaten mischen, würzen und bündig kneten; Speck im letzten Drittel beigeben.
- Die Temperatur der Masse soll nicht über 7° C ansteigen.
- In Salamidärme luftdicht füllen.

*Reifen und Trocknen**

Stunden/Tage	Raumtemperatur	Relative Luftfeuchtigkeit
in 6 Stunden	auf + 20° ansteigend	bis 60%
2.–4. Tag	20 bis 18° absinkend	94–90%
5.–10. Tag	18°	90–80%
eventuell leicht räuchern	bei 16°	
anschließend		
ca. 8 Wochen	15 bis 12°	80–65%

Eventuell: Impfen mit Schimmelkulturen nach Gebrauchsanweisung!

* Erklärung der Tabelle vgl. S. 121

Die Luftgeschwindigkeit soll am Beginn der Reifezeit 0,5 bis 0,8 m in der Sekunde betragen und später auf 0,1 m gesenkt werden.
Die Salami ist bei ca. 35% Trocknungsverlust verkaufsfertig.
Ungarische Salami besteht nur aus Schweinefleisch; dadurch ist sie auch nach längerer Lagerung nicht hart im Biß.

Salami I (oder Haussalami)

Jede Wurst unter der Bezeichnung Haussalami, die in den Handel gebracht wird, muß einen weißen Schimmelbelag aufweisen.
Die sogenannte Haussalami ohne Belag hat laut Codex die Bezeichnung „Hauswurst roh".

Zutaten für 10 kg Masse
5,5 kg mageres, sehnenfreies Schweinefleisch
2 kg Rindfleisch I oder II
2,5 kg Speck

Gewürze für 1 kg Masse
24–28 g Kochsalz
0,5 g Salpeter
4 g Zucker
Knoblauch, Rum, Cognac nach Geschmack
eventuell Reifekulturen

Zubereitung, Reifung und Trocknung wie Ungarische Salami. Die Haussalami muß vor dem Verkauf 32% abtrocknen.

Salami II (oder Haussalami)

Zutaten für 10 kg Masse
3,5 kg Rindfleisch I oder II
3,5 kg Schweinefleisch
3 kg Speck

Gewürze für 1 kg Masse
Wie Ungarische Salami

Zubereitung, Reifung und Trocknung wie Ungarische Salami

Rezepte für Rohwürste ohne Belag

Kärntner Hauswürste roh

Zutaten für 10 kg Masse
2,5 kg Rindfleisch II, z. B. Schulter
4,5 kg Schweinefleisch mager
3 kg gemischter Speck

Gewürze für 1 kg Masse
28 g Nitritpökelsalz
20 g Pfeffer
10 g Zucker
2 g Knoblauch
Rotwein, eventuell Reifekulturen

Zubereitung

- Das Fleisch mit 6–8-mm-Lochscheibe wolfen.
- Den gefrorenen Speck fein würfelig schneiden.
- Den Knoblauch vor dem Mixen heiß überbrühen, die Gewürze zum Magerfleisch geben.
- Kurz durchkneten.
- Den Speck beimengen und weiterkneten.
- Die Masse muß gut bindig sein, damit das Fett vom Eiweiß eingehüllt wird. Die Temperatur der Masse soll nicht über 7° C aufweisen. Vorsicht bei Knetgeräten: Durch zu langes Kneten wird die Bindigkeit des Eiweißes zerstört.
- In Schweinsdärme Kaliber 20–32 mm füllen, zu 120–150 g abdrehen.
- Auf Stangen hängen.
- 1–2 Tage bei 20° C reifen lassen.
- Bei 22° C räuchern.

Reifen und *Trocknen*

Tage	Raumtemperatur	Relative Luftfeuchtigkeit
2 Tage	bei 18° C	90%
7–10 Tage	bei 16° C	85%
ab 10. Tag	15–14° C	80%
Lagerung	bei 14° C	75%

Die Hauswurst roh ist bei ca. 15% Trocknungsverlust verkaufsfertig.
Wird die Fleischmasse in Salamidärme mit 55 mm oder größerem Durchmesser gefüllt, müssen Reifung und Trocknung wie bei der Ungarischen Salami erfolgen.
Der Abtrocknungsgrad muß in diesem Fall 32% betragen.

Kärntner Hauswürste roh aus reinem Schweinefleisch

Zutaten für 10 kg Masse
7,5 kg Schweinefleisch
Schlegel – Schulter
Abschnitte
2,5 kg Speck

Gewürze für 1 kg Masse
28 g Nitritpökelsalz
20 g Pfeffer
10 g Zucker
Knoblauch
Rotwein nach Geschmack
eventuell Reifekulturen

Zubereitung, Reifung und Trocknung wie Hauswürste roh.

Almjäger

Zutaten für 10 kg Masse
3 kg Rindfleisch II oder III
4 kg magere Schweinefleischabschnitte
3 kg Speck

Gewürze für 1 kg Masse
Fertiggewürz nach Gebrauchsanweisung
28 g Kochsalz
eventuell Reifekulturen

Zubereitung
- Frisches Rindfleisch ganz fein wolfen.
- Den Speck und das magere Schweinefleisch anfrieren.
- Das magere Schweinefleisch mit 6-mm-Lochscheibe wolfen.
- Speck würfelig schneiden.
- Alles zusammenmischen, würzen und kneten.
- In Natur- oder Kunstdärme mit Kaliber von 33 mm bis 50 mm füllen.
- Bei 22° C räuchern.
- Anschließend trocknen; die Raumtemperatur wird in dieser Zeit langsam von 18 auf 16° C gesenkt.
- Die relative Luftfeuchtigkeit von 90 auf 85%, später auf 80% reduzieren.

„Almjäger“ sind nach einem Trocknungsverlust von 30% verkaufsfähig.

Wild- und Schaffleischrohwürste mit oder ohne Belag

Das Rindfleisch kann in allen Rezepten mit beschautem Wild- oder Schaffleisch ausgetauscht werden. Bei Schaffleisch ist jedes Fett zu entfernen.
Aus der Kennzeichnung muß die jeweilige Tierart ersichtlich sein, also Wild- oder-Schafrohwurst mit oder ohne Belag.
Beim Verkauf muß der Anteil des Fleisches (Hirsch, Schaf, usw.) über 50% liegen, damit die Bezeichnung Hirsch- oder Schafrohwurst gerechtfertigt ist.

Abtrocknungsgrad der Rohwürste

Bevor die Rohwürste zum Verkauf kommen, muß durch mehrere Stichproben der Abtrocknungsgrad festgestellt und mit der Codexbestimmung verglichen werden.
Betasten ist keine geeignete Methode, um über den Trocknungsgrad genaue Aussagen machen zu können.

Berechnung des Abtrocknungsgrades

Gewicht am Herstellungstag
– Gewicht nach der Trocknung

Trocknungsverlust
z. B.
10 kg Hauswurst roh am 13. 1.
8,4 kg Hauswurst roh am 20. 2.

1,6 kg Trocknungsverlust = 16%
Codexbestimmungen: ca. 15%
Bei längerer Lagerung geht die Trocknung weiter, die Wurst wird zu hart, und die Qualität nimmt bei zunehmender Trocknung ab.
Da der Trocknungsgrad das Gewicht beeinflußt, wird die Salami in Stangen verkauft.

Die häufigsten Fehler und deren Ursachen bei Rohwürsten

Salami, Hauswurst roh	
Fehler	**Ursachen**
Geplatzte Wursthülle	Traubenzuckerbeigabe zu hoch Die Temperatur im Verarbeitungsraum war zu hoch; hohe Anzahl an Schadkeimen
Mangelhafte Bindung der Wurstmasse	Verwendung von nicht geeignetem Rohmaterial (PSE, DFD-Fleisch und Fleisch rauschender Tiere) Zu langes Kneten mit dem Knetgerät Verwendung von undurchlässigem Darmmaterial
Stickiger Geschmack	Mangelhafte Fleischqualität Die Temperatur der Wurstmasse ist während der Verarbeitung über 7° C angestiegen Zu schnelle Trocknung Zu viele Schadkeime sind vorhanden
Zu hohe Anzahl von Schadkeimen	Hygienemaßnahmen beim Ausweiden und Verarbeiten nicht beachtet, dadurch enthält schon das Rohmaterial zu viele Keime Die Temperatur des Fleisches ist beim Kühlen über + 7° C geblieben Verzögerungen im Arbeitsablauf Zu hohe Raumtemperaturen beim Verarbeiten, Reifen und Trocknen
Grauer Kern	Zu rasche Trocknung; in den Räumen waren die Temperaturen und die Luftgeschwindigkeit zu hoch und die Luftfeuchtigkeit zu gering
Speckwürfel fallen aus der Anschnittfläche	Speckwürfel zu warm verarbeitet, daher keine Bindung
Risse und Hohlräume	Luft im Wurststopfgerät Schlechte Füllung Zu rasche Trocknung; Ursachen wie beim grauen Kern
Abheben der Wurstfülle	Schlecht ausgestreifte Därme Zu warm verarbeitete Wurstmasse
Essigsaurer Geschmack	Zu stark geräuchert Zu lange dem Rauch ausgesetzt; Rauchabzug hat nicht funktioniert

Salami, Hauswurst roh	
Fehler	**Ursachen**
Grauer Außenrand	Zu tiefe Temperatur beim Reifen und Trocknen Während der Reifung und Trocknung zu oft gewaschen Zu helle Lagerräume
Grüner Schimmelrasen	Zu hohe Luftfeuchtigkeit durch zu geringen Luftaustausch im Reifungs- und Trocknungsraum
Die geräucherte Wurst ist ungleichmäßig gefärbt	Die Würste wurden vor dem Räuchern ungenügend getrocknet Zu fette Wurstoberfläche durch unsauberes Arbeiten bei zu hohen Raumtemperaturen Würste beim Räuchern zu dicht gehängt

PÖKELWAREN* (BACHENSPECK, BEINSCHINKEN, ROLLSCHULTER, OSSO COLLO, BÜNDNER FLEISCH)

Die Haltbarkeit der Pökelwaren ist durch das Einwirken von Salz mit oder ohne Umrötungshilfen bedingt.
Die Haltbarkeit der Rohpökelware hängt vom Kochsalzgehalt und Austrocknungsgrad ab.
Man unterscheidet **Rohpökel**- und **Kochpökelwaren.**

Rohmaterial und dessen Vorbereitung für das Pökeln

- Roh- und Kochpökelwaren werden hauptsächlich aus Schweinefleisch hergestellt. Das von Sehnen befreite weiße Scherzel vom Rind und der Schlegel vom Schaf und Wild eignen sich ebenfalls zum Pökeln und ergeben dann Spezialitäten.
- Tiere, deren Fleisch zum Pökeln bestimmt ist, sollten gesund und gut gemästet sein und im ausgeruhten Zustand fachgerecht geschlachtet werden.
- Die Muskelzellen von Tieren, die im Streß geschlachtet wurden, sind geschädigt, so daß mehr Salz in sie eindringen kann. Der Salzgehalt der Ware wird somit erhöht.
- PSE-Fleisch ist ebenfalls nicht gut zum Pökeln geeignet. Der Geschmack der Produkte bleibt fad und die Farbe blaß.
- DFD-Fleisch hat schlechte Pökeleigenschaften. Die nicht oder nur mangelhaft eingetretene Totenstarre verlangsamt das Eindringen des Kochsalzes in die Muskelzellen. Die konservierende Wirkung des Kochsalzes wird verzögert, die schädlichen Mikroorganismen finden gute Wachstumsbedingungen vor. Die Oberfläche des DFD-Fleisches wird schmierig und die Sur kamig.
- Fleisch älterer Tiere ergibt eine kräftig gefärbte, lang haltbare Pökelware.
- Keimarmes, gut gekühltes und gereiftes Fleisch liefert erstklassige Qualität mit schöner Farbe.
- Ohne Kühlraum lassen sich Pökelwaren nur in den Wintermonaten herstellen.
- Fleisch je nach Tierart reifen lassen.

Das Fleischteilen

- In kühlen Räumen teilen.
- Die Arbeit nicht für längere Zeit unterbrechen.

* Der Lebensmittelcodex kennt nur Pökelwaren. Sie werden im Bauernhaus und im allgemeinen Sprachgebrauch als Selch- oder Dauerwaren bezeichnet.

- Die Schnittführung muß glatt sein. Es dürfen keine Einschnitte entstehen, in denen sich Fäulnisbakterien und Fliegenmaden entwickeln könnten.
- Knochen auslösen; Fleischstücke ohne Knochen pökeln rascher durch und lassen sich leichter portionieren. An den Übergängen vom Fleisch zum Knochen könnten Fliegen ihre Eier ablegen.

Pökelzusätze

Kochsalz
entzieht dem Fleisch das Wasser und hemmt die Entwicklung von schädlichen Kleinlebewesen. Menge: 25 g bis 40 g Kochsalz für 1 kg Fleisch oder Speck.

Salpeter
wird für die Erzeugung langgereifter Rohpökelware verwendet.
Menge: 0,3 g bis maximal 0,5 g Salpeter pro kg Fleisch.

Nitritpökelsalz
ist eine fertige Salzmischung mit Nitrit. Durch das Nitritpökelsalz bleibt der rote Pökelfarbstoff auch nach der Erhitzung erhalten. Nitritpökelsalz hat eine beschränkte Lagerfähigkeit. Es darf nicht offen und feucht lagern, sonst kommt es zu Umrötungsfehlern.
Menge: 25 g bis 40 g für 1 kg Fleisch oder Speck oder $^3/_4$ Menge Nitritpökelsalz und $^1/_4$ Menge Kochsalz.
Mischungen aus Nitritpökelsalz mit reinem Kochsalz werden auch für Rohpökelwaren verwendet, aber die Umrötung des Fleisches erfolgt langsamer.

Zucker oder Honig
bewirken eine schönere Farbe. Sie dürfen, wenn kein Kühlraum vorhanden ist, nur in der kalten Jahreszeit verwendet werden, sonst könnten sich schädliche Mikroorganismen entwickeln. Menge: Maximal 5 g für 1 kg Fleisch

Gewürze
Pfeffer, Wacholderbeeren, Knoblauch, Piment, Kümmel, Lorbeerblatt, Koriander und Ingwer.
Verwendung und Dosierung sind individuell und hängen vom Geschmack des Erzeugers ab.

Pökelgefäße und Einrichtung

Wannen, Fässer und Tische aus Holz, Nirosta oder Kunststoff. Die Oberflächen müssen glatt und frei von Fremdgerüchen sein.

Pökelmethoden

Arten: Trockenpökeln
Naßpökeln
Gemischtes Pökeln
Schnellpökeln

Trockenpökeln

Diese Methode ist besonders für die Erzeugung von Rohpökelwaren (Dauerwaren) geeignet. Das Fleisch verliert schon während des Pökelns Wasser und ist daher früher genußreif. Die Inhaltsstoffe werden nicht ausgelaugt; das Fleisch bleibt geschmackvoll.

Pökelmischung für 100 kg Fleisch
Kochsalz: 3 bis 4 kg
Salpeter: 50 g
Zucker oder Honig: 0,5 kg
Anstelle von Kochsalz und Salpeter kann Nitritpökelsalz (3 bis 4 kg) verwendet werden.
Gewürze: Knoblauchwasser, Wacholderbeeren, gemahlener Pfeffer, Kümmel, Koriander und Ingwer.
Höhere Salzmengen werden genommen, wenn in Pökelräumen die Temperatur über 10° C liegt;
für langgereifte Pökelwaren, z. B. luftgetrockneten Spezialschinken;
für die Erzeugung von Speck mit einem hohen Fettanteil.

Arbeitsvorgang

- Die Fleischstücke mit $^3/_4$ der Menge der Salz-Gewürz-Mischung einreiben. Einschnitte, Falten, Schwarten und Speckteile erhalten höhere Gaben. Besonders sorgfältig sind alle Übergänge von Knochen zum Fleisch einzureiben, damit sie später nicht von Insekten befallen werden.
- Den Boden des Pökelgefäßes mit dem Salzgemisch ausstreuen.
- Die Fleischstücke dicht einschichten, so daß möglichst wenig Zwischenräume entstehen, denn Luftpölster fördern die Schadkeimvermehrung. Große Fleischstücke auf den Boden legen und die Hohlräume mit kleinen Stücken ausfüllen.
- Einen gut schließenden Deckel auflegen und mit Gewichten beschweren.
- Die Temperatur im Pökelraum zwischen +4° und + 10° C halten. Laut Codex darf die Pökelraumtemperatur + 12° C nicht übersteigen.
- Nach einer Woche das Fleisch umschichten. Nasse Stellen mit dem restlichen Salzgemisch sorgfältig nachsalzen, damit sie nicht schmierig werden.

- Die Fleischstücke nach dem Pökeln abbürsten, um das überschüssige Salz zu entfernen.
- Ein Fleischstück kochen und verkosten, um den Salzgehalt festzustellen. Man kann ihn senken, indem man das Fleisch einige Stunden in fließendes Wasser legt.
- Danach müssen die Fleischteile 3 bis 4 Tage bei einer Raumtemperatur von 6 bis 12° C auf einem Rost abtrocknen. Man nennt diesen Vorgang „Durchbrennen".
- Die Pökeldauer richtet sich nach der Größe der Fleischstücke. Man rechnet für 1 kg Fleisch ca. 1 Woche.

Osso Collo, ausgelöstes Karree oder Bündner Fleisch nehmen das Salz rascher auf und haben eine kürzere Pökeldauer.
Trocken gepökelte Waren sind früher genußreif.

Tischpökeln

ist eine Art Trockenpökeln und für luftgeselchten Speck, Oberkärntner Bachenspeck sowie Rohpökelwaren geeignet.

Pökelmischung
Salzmenge: 3 bis 4 g pro kg Fleisch.
Speck nimmt nur eine gewisse Menge an Salz auf, so daß der Bedarf nicht berechnet werden muß. Gewürze nach Geschmack.

Arbeitsvorgang
- Die Fleischstücke mit dem Salz-Gewürz-Gemisch einreiben.
- Mit der Schwartenseite auf die gesalzene Holztischfläche, größere Fleischstücke auf Holzstäbe legen.
- In Oberkärnten werden die ausgelösten Speckseiten noch im warmen Zustand (spätestens 1,5 Stunden nach dem Schlachten) gesalzen, die Pökeldauer ist um 1 bis 2 Wochen kürzer.
- Speck kann in mehreren Lagen übereinander gestapelt werden. Er ist dann öfters umzuschichten.
- Raumbeschaffenheit: kühl, luftig, dunkel.
  Temperatur: + 4 bis + 10° C.
  Wird nur mit Kochsalz gepökelt, darf die Temperatur in den ersten 2 Wochen + 5° C nicht übersteigen. Sie kann kurze Zeit auf Minusgrade absinken, ohne daß die Qualität des Speckes leidet.
- Vor dem Aufhängen wird das überschüssige Salz abgeklopft.

Pökeldauer
Je nach Stärke der Speckseite 4 bis 6 Wochen.

Trocknungszeit
Je nach Dicke des Speckes ca. 2 bis 4 Monate. Auch hier sind beim Verkauf die Grenzwerte von Eiweiß:Wasser laut Codex einzuhalten.

Naßpökeln

eignet sich für die Erzeugung von Roh- und Kochpökelwaren.
Pökelware, die zum Kochen bestimmt ist, muß naß gepökelt werden, damit sie saftig bleibt. In Bauernhäusern ohne Kühlräume bildet das Naßpökeln einen Sicherheitsfaktor. Die Sur verhindert, daß sich Luftlöcher im Faß bilden.

Pökelmischung für 100 kg Fleisch
Kochsalz oder Nitritpökelsalz: 3 bis 4 kg
Salpeter: 50 g
Zucker oder Honig: 0,5 kg
Wasser: ca. 20 l
Anstelle von Kochsalz und Salpeter kann Nitritpökelsalz (3 bis 4 kg) verwendet werden.
Werden 35 g Salz pro kg Fleisch verwendet, so muß das Wasser für die Lake mitberechnet werden, damit die Salzkonzentration stimmt.
Beispielsweise benötigt man für das Suren von 100 kg Fleisch
20 l Wasser = 120 kg.
120 kg x 0,035 kg Salz = 4,2 kg Salz.

Gewürze
Knoblauchwasser, Wacholderbeeren, gemahlener Pfeffer, Kümmel, Koriander und Ingwer.

Arbeitsvorgang
- Das Fleisch mit der Hälfte der Salzmischung einreiben.
- Die Fleischstücke wie beim Trockenpökeln in das Pökelgefäß einschichten.
- Den Rest der Salz-Gewürzmischung aufkochen, erkalten lassen und über das Fleisch gießen. Die Lake muß stets über dem Fleisch stehen.
- Die Lake öfters ablassen, aufkochen, erkaltet über das Fleisch gießen; dadurch verteilen sich die Gewürze im Pökelgut gleichmäßig, und eventuelle Schadkeime in der Lake werden vernichtet. Kamige Lake ist verdorben und muß durch eine neue ersetzt werden.

Pökelraumbeschaffenheit: kühl und dunkel.
Temperatur: 4 bis 10° C.

Pökeldauer
Man rechnet im allgemeinen 1 Woche pro kg Fleisch. Sie kann bei starker Salzkonzentration verkürzt werden.

Gemischtes Pökeln (für Roh- und Kochpökelwaren)

Bei dieser Methode wird das Trocken- und Naßpökeln kombiniert.
Fleischstücke wie für das Trockenpökeln einsalzen und einschichten. In der Trockenphase dringen das Salz und die Gewürze gleichmäßig in das Fleisch ein.
Nach einer Woche mit einer dreiprozentigen Salzlösung bis zum Überstehen auffüllen. Durch die Lake werden die Luftlöcher ausgefüllt.
Pökelraumbeschaffenheit: kühl und dunkel.
Temperatur: 4 bis 10° C.
Pökeldauer
1 Woche pro 1 kg Fleisch

Schnellpökeln

Bei diesem Vorgang wird die Lake mit einer Hohlnadel ins Muskelgewebe gespritzt. Die Höchstmenge der Einspritzlake ist im Codex verankert. Diese Methode soll jedoch dem Gewerbe vorbehalten bleiben.

Das Garen von Kochpökelwaren

Kochpökelwaren werden häufig für den Markt genußfertig gemacht. Sie dürfen nicht gekocht, sondern nur mit 72° C gebrüht werden. Die Brühdauer pro 1 kg Fleisch beträgt ca. 80 Minuten. Die Temperatur des Kernes muß in dieser Zeit unbedingt 70° C übersteigen und 20 Minuten gehalten werden.

Räuchern (Selchen) und Räucherfehler

Rohwürste ohne Beläge und Pökelwaren werden mit wenigen Ausnahmen kalt geräuchert.

Die Räucherung hat folgende Wirkung:

- Sie ist bakterienfeindlich.
- Die Fleischoberfläche wird abgetrocknet.
- Durch den Rauch erhält die Ware Farbe und den typischen Geschmack.

Selchraum und -einrichtung sind bereits auf Seite 31 behandelt.

Heizmaterial

Nur durch den Rauch getrockneter Hartholzspäne (Buche, Eiche, Erle und Obstgehölze) erhält das Räuchergut eine helle Farbe und einen würzigen Geschmack.
Der Rauch aus Weichhölzern und nassen Sägespänen ergibt eine dunkle Räucherfarbe und einen teerigen Geschmack.

Räucherungsvorgang

- Die Pökelwaren 24 Stunden abtrocknen lassen, sonst wird das Räuchergut zu dunkel; es legen sich krebserregende Substanzen an.
- Das Räuchergut stets in die bereits warme Selch einschieben. Die Rauchtemperatur darf fürs Kalträuchern 25° C nicht überschreiten. Die Einschiebtemperatur kann etwas höher sein, weil sie durch das kühle Fleisch gesenkt wird.
- Rohpökelwaren in Intervallen räuchern, z. B. 21 Stunden räuchern und 3 Stunden lüften. In den Pausen trocknet das Fleisch durch die Frischluft ab. Der würzige Geschmack einer Pökelware kommt vom Kontakt mit der Frischluft.

Räucherfehler

Fehler	Folgen
Die Räuchertemperatur steigt über 25° C.	Die Selchware färbt sich dunkel. Es legen sich krebserregende Substanzen an. Es bildet sich ein harter Außenrand, der das Trocknen behindert (siehe Fehler Rohwürste). Die Wursthülle löst sich von der Wurstmasse.
Weichholz oder zu nasses Heizmaterial zum Räuchern werden verwendet.	Die Räucherware schmeckt nach Teer.
Pökelware wird vor dem Räuchern nicht abgetrocknet.	Sie bekommt eine rußigschwarze Farbe.
Zu kalte Selchräume.	Sie bekommt eine rußigschwarze Farbe.
Fleisch und Wurst zu dicht in die Selch gehängt.	Die Räucherwaren sind ungleichmäßig gefärbt.

Selchdauer

Hauswürste roh mit geringem Durchmesser:	2–3 Tage
Hauswürste roh mit größerem Durchmesser:	bis 8 Tage
Pökelfleisch:	7 bis 10 Tage

Reifen und Trocknen des Pökelfleisches

Sowohl geselchte als auch luftgetrocknete Waren reifen während der Trocknung. Wird im Trockenraum die Frischluft zu rasch ausgetauscht, kann beim Pökelfleisch ein harter Außenrand entstehen. Reifung und Trocknung werden gehemmt.

Arten der Reifung und Trocknung
a) schnell
b) langsam

Schnellgereifte Pökelwaren

Die Luftgeschwindigkeit muß mit verschließbaren Klappen zu regeln sein, sonst entsteht ein Trockenrand.

Reifungs- und Trocknungszeiten

Rohpökelware	Monate
Dünne Speckarten (Hamburger, Bauchspeck)	$2^1/_2$ bis 3
Geteilte Schinken und Osso Collo	3 bis 4
Schinkenspeck Bündner Fleisch	4 bis 5

Das sind nur Anhaltspunkte für Reifungs- und Trocknungszeiten, denn für den Verkauf müssen die im Codex für das Wasser-Eiweiß-Verhältnis angegebenen Grenzwerte eingehalten werden.
Schnell gereifte Pökelwaren sind für den raschen Verbrauch bestimmt, weil der Speck früher ranzig wird.

Langsam gereifte luftgetrocknete Rohpökelware

(wie Oberkärntner Speck, Gailtaler Speck, Spezialschinken)
Diese Reifungsmethode eignet sich besonders für trockengepökeltes Fleisch.
Als Konservierung wird ausschließlich Kochsalz verwendet.
Bedingungen für gute Qualität

- Das Fleisch der Landschweinrasse eignet sich dafür besser.
- Die Fütterung der Tiere darf nur einen geringen Maisanteil enthalten, sonst wird der Speck ölig und rasch ranzig.
- Die beste Fleischqualität wird bei einem Lebendgewicht von über 140 kg erzielt.
- Man kann langsam gereifte Rohpökelwaren nur in den Wintermonaten und in Gebirgsgegenden mit gleichmäßiger Luftbewegung und geringen Temperaturschwankungen herstellen, da nur dort das Produkt gleichmäßig abtrocknet. Versuche, langsam gereifte Pökelwaren in Nebelgebieten zu erzeugen, sind nicht immer vom Erfolg begleitet. Die Ware muß dann geräuchert werden, und dennoch ist die Haltbarkeit nicht zufriedenstellend.

Reifungs- und Trocknungsraum

Beschaffenheit: kühl und luftig.
Raumtemperatur: 14 bis 16° C.
Die relative Luftfeuchtigkeit soll über Monate langsam auf ca. 78% gesenkt werden.
Langsam gereifte Rohpökelwaren werden im allgemeinen luftgeselcht; man kann sie auch nach 4 Wochen kurz bei 20° C räuchern.
Die Reifungs- und Trocknungsdauer richtet sich nach der Stärke des Speckes.

Oberkärntner Bachenspeck:	4 bis 5 Monate
Spezialschinken:	bis 24 Monate

In der Trocknungsphase kann die Raumtemperatur einige Wochen zwischen 20 und 25° C liegen; dies verstärkt das spezifische Aroma.

Langsam gereifte Rohpökelwaren

- haben ein besonderes Aroma,
- sind lange haltbar,
- der Speck ist leicht rosa gefärbt und sehr kernig.

Bezeichnungen der fertigen Pökelwaren

Name	Ausgangsmaterial
Schwein	
Beinschinken (gekocht oder roh)	Ganzer Schlegel
Westfäler	Kaiserteil
Dalmatiner	Nuß und Frikandeau
Karreespeck	Ausgelöstes Karree
Rollschulter (gekocht oder roh)	Ausgelöste Schulter
Bauchspeck oder Hamburger	Bauch
Salz-, Paprikaspeck	Rückenspeck
Bachenspeck z. B. nach Oberkärntner oder Gailtaler Art	ein Teil des Schlegels, Karree, Schulter und Bauch in einem Stück belassen
Rind	
Bündner Fleisch	Weißes oder schwarzes Scherzel

Rezepte für Rohpökelspezialitäten

Bachenspeck

nach Oberkärntner oder Gailtaler Art.
Ausgangsmaterial ist eine Fleischplatte mit Bauch, Karree und Teilen der Schulter sowie des Schlegels vom mit einem hohen Gerstenanteil gefütterten Schwein, das ein Lebendgewicht von mindestens 140 kg hat.

Arbeitsmethoden des Ausweidens und Zerfällens

a) Von der Bauchseite ausgehend:
- Tier wie üblich schlachten, brühen und enthaaren.
- Hängend an der Bauchseite öffnen.
- Entlang der Wirbelsäule spalten.
- Abtrennen von Kopf, Hals (beim Schulteranfang) und Stelzen (bei den Gliedern).
- Entfernen des Fischls.
- Ausbeinln im überkühlten Zustand; die Totenstarre darf noch nicht eingetreten sein.
- Knochen (Rippen, Wirbel, Schulterblatt, Röhrenknochen im Schlegel) vom Fleisch lösen. Der Schnitt soll möglichst nahe an den Knochen geführt werden.
- Die knochenlose Fleischplatte aus dem Karree, Schulter, Schlegel und Bauch zuputzen, so daß die Fleischplatte keine Einschnitte mehr aufweist.

b) Von der Rückenseite ausgehend:
- Tiere wie üblich schlachten, brühen, enthaaren.
- Stelzen bei den Gliedern abtrennen.
- Die gereinigten Tiere mit Bauch nach unten auf einen niedrigen Holzbock legen, dessen Oberfläche als Mulde geformt ist. Vom Schwanz zum Kopf entlang der Wirbelsäule bis zu den Knochen einen Schnitt machen.
- Die Wirbelsäule nicht durchtrennen.
- Speck mit Fleisch entlang der Knochen herausschälen.
- Das Knochengerüst und die Innereien herausheben.
- Die Fleischplatte in der Mitte des Bauches durchtrennen.

Pökeln und Aufhängen des Bachenspeckes

Herstellung
- Im warmen oder kalten Zustand mit Salz und Gewürzen einreiben. Abwiegen der Salzmenge ist nicht notwendig, da der Speck ohnehin nur eine bestimmte Menge an Salz aufnimmt.
- Gut auskühlen lassen.

- Auf einen Tisch zum Durchpökeln auflegen.
- Bei mehreren Lagen übereinander öfters umschichten.
- Nach dem Pökeln das überschüssige Salz abklopfen.
- Spagat mit einer Fleischnadel in Abständen entlang der Bauchseite einziehen und zu Schlaufen binden.
- Auf Holzstangen aufhängen.

Pökelraum: Beschaffenheit: dunkel, kühl, luftig.
Temperatur: 2 Wochen 0 bis 4° C, dann bis + 12° C ansteigend.

Pökeldauer: Je nach Stärke der Bache 2 bis 4 Wochen. Die Pökeldauer verkürzt sich, wenn die Bache noch im warmen Zustand eingesalzen wird, denn die warmen Zellen sind für das Salz durchgängiger.

Reifen und Trocknen des Bachenspeckes

a) Lufttrocknen

Reifungsraum: Beschaffenheit: kühl, luftig, dunkel.
Temperatur: 10–15° C.

Reifungsdauer: *4–5 Monate.*

Diese Methode eignet sich nur für Gebirgsklima mit gleichbleibender Luftfeuchtigkeit, gleichmäßiger Luftbewegung und geringen Temperaturschwankungen.

b) Räuchern

Der Speck muß vor dem Räuchern 24 Stunden lang, auf Holzstangen hängend, abtrocknen.
Rauchtemperatur: 18–22° C.
Dauer: 6–7 Tage.
Rauchintervall: 21 Stunden, 3 Stunden lüften.

c) Reifen und Trocknen

wie oben

Beinschinken

a) Rohschinken

Zerfällen und Pökeln

- Den Schlegel sorgfältig herausschneiden; es darf von ihm nichts beim Schlußbraten bleiben.
- Knochen in den Gelenken trennen.
- Röhrenknochen beim Zerlegen nicht beschädigen.
- Bei Bedarf zuputzen.
- Trocken- oder Naßpökeln.
- Salzmenge: 35 g Salz pro 1 kg Fleisch verwenden.
- Mit Salz und Gewürzen einreiben; bei den Verbindungen von Fleisch zum Knochen besonders sorgfältig vorgehen.

Pökelraum: Beschaffenheit: kühl, dunkel.
Temperatur: unter 10° C halten.

Pökeldauer: 1 Woche pro kg Fleisch,
24 Stunden hängend trocknen.

Räuchern: Temperatur: 18–22° C.
Dauer: 8–10 Tage.
Rauchintervall: 21 Stunden Rauchentwicklung,
3 Stunden lüften.

Reifen und Trocknen
Reifungsraum: Beschaffenheit: kühl, luftig, dunkel.
Temperatur: bei 15° C.
Reifungsdauer: Der Schinken ist nach 5 bis 6 Monaten genußreif und darf erst dann vakuumverpackt werden.

Ist die Qualität des verarbeiteten Fleisches schlecht, wird unsauber gearbeitet, mangelhaft gepökelt und wird die Ware vor der Genußreife vakuumverpackt, so kann sie im Kern faulig werden.

b) Kochschinken

- Frisch geselchter Schinken ganz oder geteilt.
- Dieser Schinken wird nicht gekocht, sondern bei einer Temperatur von 72° C gebrüht. Man rechnet eine Brühdauer von 80 Minuten pro kg Fleisch, und in dieser Zeit muß die Kerntemperatur von 72° C erreicht werden.

Rollschulter

Herstellung und Pökeln
- Die Schulter auslösen.
- Zuputzen.
- Mit Salz und Gewürzen einreiben.
- Trocken- oder Naßpökeln.
- Nach dem Pökeln rollen.
- In ein Kunstnetz pressen oder schnüren.
- 24 Stunden hängend abtrocknen lassen.

Pökelraum: Beschaffenheit: kühl, dunkel.
Temperatur: 4–10° C.

Pökeldauer: 2–3 Wochen.

Räuchern: Temperatur: nicht über 22° C.
Dauer: 7–8 Tage.
Rauchintervall: 21 Stunden Raucheinwirkung,
3 Stunden lüften.

Reifen und Trocknen

Reifungsraum: Beschaffenheit: kühl, luftig, dunkel.
Temperatur: bei 15° C.

Reifungsdauer: 3 Monate bis zum Rohgenuß.

Osso Collo

Herstellung und Pökeln
- Schopfbraten auslösen.
- Mit Salz und Gewürzen einreiben.
- Trocken- oder Naßpökeln.
- Vor dem Räuchern in einem Pimmerling (Rindsblinddarm) pressen.
- 24 Stunden abtrocknen lassen.

Pökelraum: Beschaffenheit: kühl, dunkel.
Temperatur: 4–10° C.

Pökeldauer: ca. 2 Wochen.

Räuchern: Temperatur: nicht über 22° C.
Dauer: 7–8 Tage.
Rauchintervall: 21 Stunden Raucheinwirkung,
3 Stunden lüften.

Reifen und Trocknen

Reifungsraum: Beschaffenheit: kühl, luftig, dunkel.
Temperatur: bis 15° C.

Reifungsdauer: in 4–5 Monaten genußreif.

Paprikaspeck

Herstellung und Pökeln
- Weißen Speck vom Rücken lösen.
- Salzen, auf einem Tisch durchpökeln.
- Nach dem Pökeln überschüssiges Salz abbürsten.
- Den Speck dick mit rotem Paprika einreiben.
- Spagat in den Speck einziehen.

Pökelraum: Beschaffenheit: kühl, dunkel, luftig.
Temperatur: nicht über 12° C.
Reifungsdauer: 8–12 Wochen bis zur Genußreife.

Wildfleisch

Herstellung
- Nur den Schlegel des Wildes mit Salz und Gewürzen (Knoblauch, Pfeffer, Bohnenkraut, Neugewürz, Rosmarin, Thymian, Wacholderbeeren, Senfkörner) einreiben.
- Trocken- oder Naßpökeln.
- Vor dem Räuchern 24 Stunden hängend abtrocknen.

Pökelraum: Beschaffenheit: kühl, dunkel.
Temperatur: nicht über 12° C.

Pökeldauer: ca. 1 Woche pro kg Fleisch.

Räuchern: Temperatur: 18–20° C.
Dauer: 8 Tage.
Rauchintervall: 21 Stunden Rauchentwicklung,
3 Stunden lüften.

Reifen und Trocknen

Reifungsraum: Beschaffenheit: kühl, dunkel, luftig.
Temperatur: bei 15° C.

Reifungsdauer: je nach Größe in ca. 1 Monat genußreif.

Bündner Fleisch

Herstellung und Pökeln

- Das weiße und schwarze Scherzel des Rindes entsehnen und vom Fett befreien.
- Mit Salz und Gewürzen einreiben.
- Trocken- oder Naßpökeln.
- Nach dem Pökeln 24 Stunden hängend abtrocknen lassen.

Pökelraum: Beschaffenheit: kühl, dunkel.
Temperatur: 4–10° C.
Dauer: 14 Tage.

Räuchern: Temperatur: 18–22° C.
Dauer: 8 Tage.
Rauchintervall: 21 Stunden Rauchentwicklung,
3 Stunden lüften.

Reifen und Trocknen

Reifungsraum: Beschaffenheit: kühl, dunkel, luftig.
Temperatur: bei 15° C.

Reifungsdauer: 4 Monate bis zur Genußreife.

FETTBEREITUNG

Schweinefett wird zwar heutzutage in der Küche wenig verwendet, doch kann anfallendes Schweinefett verwertet werden. Es geht nicht darum, kein Schweinefett zu essen, sondern die Verzehrung von Fett im allgemeinen zu senken.

Fettgewinnung

- Fettstücke (Rückenspeck, Filz und fette Abschnitte) abschwarten und anfrieren.
- Mit der 6–8-mm-Lochscheibe wolfen.
- Die Masse in ganz kleinen Mengen mit äußerst wenig Wasser bei mittlerer Hitze in einem weiten Gefäß erhitzen.
- Öfters umrühren.
- Wenn das Fett klar ist und die Grammeln glasig sind, das Fett in ein Gefäß abschütten.
- Das überkühlte Fett in Lagergefäße, z. B. glasierte Tontöpfe, für den Verkauf in Fettpapier füllen.
- Wird das Fett in großen Gefäßen gelagert, muß es bis zum völligen Erkalten von Zeit zu Zeit mit einem Kochlöffel umgerührt werden, damit keine Risse entstehen.
- Die Gefäße luftdicht verschließen.
- Kühl und dunkel lagern.

Fettspezialitäten

Grammelfett

Nach dem Entfernen des Fettes die Grammeln weiter erhitzen, bis sie goldgelb sind. In Gefäße füllen und bis zum Erkalten umrühren, damit sie gleichmäßig verteilt werden.

Verwendung

- Füllung für Knödel und Strudel.
- Abschmalzen von Knödeln und Nudelgerichten.
- Brotaufstriche und Grammelgebäck.

Verhackert

wird als spezieller Brotaufstrich in vielen Gegenden der Steiermark und Kärnten verwendet. Verhackert wird zu Wein oder Most serviert.

Herstellungsarten:

a) Ofenspeck

- Frischen Speck salzen und würzen (gemahlener Kümmel, Wacholder, Knoblauch), einige Tage am Tisch vorpökeln.
- In flachen Kasserollen im Backrohr bei 200° C braten, bis der Speck durch und durch glasig wird.
- Fett abgießen.
- Speck mit 6–8-mm-Lochscheibe wolfen.
- Das abgegossene Fett daruntermischen und nachwürzen.
- In Tongefäße einstreichen.
- Luftdicht verschließen.
- Kühl und dunkel aufbewahren.

b) Verhackert aus Selchspeck

- Fertig getrocknete Bauchspeckstücke mit der 3–5-mm-Lochscheibe wolfen.
- Bei Bedarf mit Knoblauchsaft, gemahlenem Wacholder und Kümmel nachwürzen.
- In Gefäße füllen.
- Luftdicht verschließen.
- Kühl und dunkel aufbewahren.

c) Speckschmalz mit Zwiebeln und Äpfeln

- Frischer Speck wird angefroren.
- Mit der 6-mm-Lochscheibe wolfen.
- Die Masse mit wenig Wasser erhitzen.
- 1 bis 2 Äpfel in Spalten schneiden, mit dem Fett und einer Zwiebel kleinwürfelig schneiden und mitdünsten.
- Masse vor dem Abschöpfen etwas salzen.
- Masse in Töpfe füllen.
- Verwendung für Aufstriche.

HYGIENE

Mikroorganismen finden im Fleisch einen idealen Nährboden. Aus diesem Grund muß sehr sorgfältig, zügig und sauber gearbeitet werden, denn nur so bleibt die Qualität erhalten.

Was ist sauber? Was ist rein?
Als **sauber** bezeichnet man Gegenstände, an denen für das Auge kein Schmutz mehr erkennbar ist.
Rein sind Gegenstände, bei denen unerwünschte Rückstände und Kleinstlebewesen weitgehend entfernt sind.

Maßnahmen zur Verringerung der Keimbelastung

- Die Arbeitsplätze für Schlachtung und Verarbeitung unbedingt trennen.
- Schmutzige Tiere vor der Schlachtung reinigen.
- Entstehen beim Ausweiden Darmverletzungen und werden dadurch Fleischteile verschmutzt, so müssen diese großflächig weggeschnitten und nicht mit Wasser oder Tüchern gereinigt werden. Die vorhandenen Kotbakterien würden sich bei der späteren Verarbeitung vermehren und sind noch im fertigen Produkt vorhanden.
- Geräte, die bei der Fleischverarbeitung Verwendung finden, niemals auf den Boden legen.
- Jedes Gerät während der Arbeit des öfteren mit sehr heißem Wasser reinigen. Das Wasser muß Trinkwasserqualität aufweisen.
- Wolfgeräte sofort nach Beendigung des Arbeitsvorganges reinigen, denn im zerkleinerten Fleisch vermehren sich die Keime besonders rasch.
- Damit das Fleisch nicht unnötig erwärmt wird und sich dabei Keime rasch vermehren, alle Arbeiten zügig und ohne Pausen erledigen.
- Werden Geflügel und Wild am selben Arbeitsplatz wie das übrige Fleisch verarbeitet, darf dies nicht gleichzeitig erfolgen. Die Arbeitsplätze sind, bevor die anderen Fleischteile bearbeitet werden, gründlich zu reinigen und zu desinfizieren.

Personelle Vorkehrungen

- Alle Personen, die Fleisch bearbeiten, müssen völlig gesund sein und dürfen keine Erkältung oder eitrige Wunden an den Händen und Armen haben. Frische Schnittwunden sind mit einem undurchlässigen Verband abzudecken.
- Bei jeder Arbeitsunterbrechung die Hände und Unterarme mit heißem Wasser und Seife bürsten.
- Fingernägel sauber und kurz schneiden.
- Das Haar mit einer Kopfbedeckung schützen.
- Saubere, kochfeste Arbeitskleidung fördert die Hygienemaßnahmen.

SCHADKEIME (MIKROBEN) BEI DER FLEISCHVERARBEITUNG

Mikroben sind Kleinstlebewesen, die nur mikroskopisch wahrgenommen werden können. Sie sind überall zu finden, besonders zahlreich im Erdreich und auf Lebensmittelresten.

Mikroben benötigen

je nach Art:

- Eiweiß-, fett- oder zuckerhältige Lebensmittel zur Ernährung.
- Ein saures oder schwach basisches Umfeld.
- Entsprechende Temperatur, Feuchtigkeit und überwiegend Sauerstoff.

Durch Veränderung ihrer Lebensbedingungen kann die Tätigkeit der Mikroben gesteuert werden.

- Keime können sich rasch vermehren, wenn alle Lebensbedingungen der jeweiligen Mikrobenart optimal erfüllt werden, z. B. Temperatur, pH-Wert, Feuchtigkeit usw.
- Je weiter die Lebensbedingungen von dem von den Mikroben bevorzugten Bereich entfernt sind, desto schwächer sind ihre Auswirkungen; es kommt zu Wachstumsverzögerungen.

Durch Mikroben können Lebensmittel im positiven oder negativen Sinn verändert werden.

Bedeutung der Mikroben

positiv

beim Fleisch, Pökeln, Dauerwurst.
Mikroben bilden Säuren, die Aroma und Geschmack verleihen und die Haltbarkeit gewährleisten.
Diese erwünschten Veränderungen werden durch den gesteuerten Einsatz bestimmter Mikroben erreicht.

negativ

Lebensmittelverderb,
z. B. Schimmelbildung, Kamigwerden der Lake, Gärigwerden von Würsten, Ranzigwerden von Fetten.
Lebensmittelvergiftung durch Ausscheidungen der Mikroben, die auf den Menschen als Gift wirken.
Diese negativen Auswirkungen müssen vermieden werden.

Lebensmittelvergiftende Mikroben

Dazu zählen:
- Fäulniserreger
- Eitererreger
- Salmonellen
- Bodenbakterien
- Schimmelpilze

Die Ausscheidungen der genannten Mikroben sind giftig; daher sind die befallenen Lebensmittel für den Menschen gesundheitsschädlich.

Fäulniserreger

Es gibt viele verschiedene Arten von Fäulniserregern.

Vorkommen: Fäulniserreger leben überall, vor allem im Erdreich und in Abwässern.
Lebensbedingungen: Jede Art von Fäulniserregern hat eine andere Lebensbedingung.
Vermehrung: Beginn bei 10° C, stärkste Entwicklung um 35° C. Die Vermehrung kann mit und ohne Sauerstoff erfolgen. Fäulniserreger sind gegen Säuren empfindlich.
Besonders gefährdete Lebensmittel: eiweißreiche Lebensmittel wie Fleisch, Fisch, Eier, aber auch Obst.

Auswirkungen:
Auf Lebensmittel:
- Eiweißstoffe werden abgebaut; die dabei entstehenden Ausscheidungsstoffe sind für den Menschen gesundheitsschädlich.
- Lebensmittel werden unansehnlich und riechen übel.

Auf Menschen:
- Fäulnisgifte führen zu Übelkeit, Leibschmerzen, Durchfall und Erbrechen.

Fäulniserregende Keime überleben das Kochen.

Vorbeugende Maßnahmen

- Arbeitsbereiche für unsaubere und reine Arbeiten genau einhalten.
- Arbeitsflächen und -geräte sorgfältig reinigen und desinfizieren.
- Lebensmittel kühl lagern, da die Zimmertemperatur das Verderben fördert.
- Lebensmittel vor der Zubereitung unter fließendem Wasser waschen, damit die Keime weggespült werden.

Eitererreger

Sie sind besonders gefährlich, da sie zu keiner wahrnehmbaren Veränderung an den Lebensmitteln führen.

Vorkommen:
- In allen eitrigen Wunden.
- Als Parasiten in Schleimhäuten.

Lebensbedingungen:

- Als Ernährungsbasis werden eiweiß-, kohlenhydrathaltige Lebensmittel und Feuchtigkeit benötigt.
- Die stärkste Vermehrung findet bei 40° C statt.
- Das Wachstum wird durch Säuren, Kochsalz und kühle Temperaturen gehemmt (Beispiel: Essigbeilage bei Aspik). Nur eine 3%ige Kochsalzbeigabe kann die Vermehrung hemmen. Bei 75° bis 80° C werden Eitererreger abgetötet. Bei nachträglicher Berührung der Speisen mit der Hand können sie aber neu infiziert werden. Die Giftstoffe (Toxine) mancher Eitererreger sind gegen Hitze widerstandsfähig und können im Haushalt nicht zerstört werden.

Besonders gefährdete Lebensmittel:
eiweißhaltige Speisen, wie gekochter Schinken, Faschiertes, Milchspeisen, Soßen, Cremes und Pudding.

Auswirkungen auf den Menschen:
Brechdurchfall, Kreislaufstörungen. Sie beginnen kurze Zeit nach der Aufnahme vergifteter Gerichte.

Vorbeugende Maßnahmen

- Wunden an den Händen vollständig mit wasserdichtem Pflaster oder Gummifinger abschließen.
- Bei Verkühlungen unbedingt Mund- und Nasenschutz tragen, denn unkontrolliertes Niesen und Husten tragen die Eitererreger zu den Lebensmitteln.
- Speisen auf 70° C warmhalten.
- Speisen nach dem Kochen sofort abkühlen.

Salmonellen

Ein gesunder Körper ist infolge seiner natürlichen Abwehrkräfte gegenüber Salmonellen von Haus aus immun.
Kleinkinder, ältere Menschen, Magen- und Darmkranke haben ein geschwächtes Immunsystem und erkranken deshalb besonders leicht an Salmonellen.
Salmonellen werden in der Regel durch Lebensmittel tierischer Herkunft übertragen.

Lebensbedingungen
Im Darm von Tier und Mensch können die Bakterien leben und sich vermehren.
Durch Sterilisieren und Pasteurisieren werden sie bei 80 °C abgetötet.

Besonders gefährdete Lebensmittel: tierische Lebensmittel, wie Geflügel (besonders Tiefgefrorenes), Wild, Faschiertes, Eier, aber auch Milch, Geflügelsalat, Cremes, Süßspeisen, Mayonnaise.

Auswirkungen auf den Menschen:
Die Giftstoffe der Salmonellen wirken auf den Darm ein, es kommt zu Müdigkeit, Übelkeit, Durchfall, Erbrechen und Fieber.
In schweren Fällen durchdringen die Toxine die Darmschleimhaut und gelangen ins Blut. Es kommt zur Blutvergiftung.

Vorbeugende Maßnahmen

- Auf gründliche persönliche und Arbeitsplatzhygiene achten.
- Saubere – unsaubere Arbeiten trennen.
- Wild in der Decke (nicht abgehäutet) darf nicht im allgemeinen Kühlraum gelagert werden.
- Rohes Geflügel getrennt von anderen Lebensmitteln lagern.
- Der Fleischwolf muß nach jedem Arbeitsgang oder mindestens zweimal am Tag gereinigt werden (bei laufendem Betrieb).
- Faschiertes Fleisch und frische Rohwürste dürfen nur bis 24 Stunden nach der Herstellung verkauft werden.
- Verpackungsmaterial von gefrorenem Geflügel, Wild und Fleisch vernichten.
- Auftauwasser wegschütten.
- Nach den Garungsvorbereitungen Hände, Geräte und Arbeitsunterlagen sorgfältig reinigen.
- Schneidbretter für Fleisch, Gemüse und Mehlspeisen im Haushalt genau trennen.
- Papierhandtücher in Verarbeitungsräumen und Toiletten verwenden.

Bodenbakterien (Clostridium botulinum)

Von Bodenbakterien werden vorwiegend eiweißreiche Lebensmittel, unter Luftabschluß aufbewahrt, befallen. Sie leben im Boden und Kot. Lebensmittel werden von ihnen durch unsauberes Arbeiten und ungenügende Körperhygiene infiziert.

Lebensbedingungen
- Zur Vermehrung kommt es zwischen 10 und 30 °C, wobei kein Sauerstoff benötigt wird. Es bilden sich hitzebeständige Sporen, die die Kochtemperatur überleben. Im Haushalt wendet man gegen sie das Sterilisieren in zwei Stufen an, d. h. nach 24 Stunden wird nochmals sterilisiert (z. B. bei Leberwurst im Glas, grünen Bohnen und Erbsen).
- Während der Vermehrung der Bodenbakterien bilden sich Gase; dies führt dazu, daß Dosen und vakuumverpackte Lebensmittel sich aufblähen (bombieren) und Einmachgläser aufgehen.

Besonders gefährdete Lebensmittel:
Alle eiweißhaltigen Lebensmittel unter Luftabschluß sind anfällig, wenn sie ungenügend erhitzt und zu warm gelagert werden bzw. wenn die Räucherwaren nicht genügend gesalzen oder gepökelt wurden.
Kennzeichen von verdorbener Ware:
- Übler Geruch (wie faule Eier).
- Trübe Flüssigkeit (bei Erbsen).
- Teile des Inhalts sind verflüssigt (Schinken).

Schmecken Räucherwaren anders als gewohnt, ist Vorsicht am Platz! Im Anfangsstadium wird der üble Geruch vom Rauchgeschmack überdeckt.

Auswirkungen auf den Menschen:
Die Giftstoffe der Bodenbakterien werden von der Darmschleimhaut aufgenommen und führen zu Lähmungen der Nerven, später zum Tod.

Vorbeugende Maßnahmen

- Lebensmittel sorgfältig unter fließendem Wasser waschen.
- Nach dem Besuch der Toilette die Hände sorgfältig mit Seife waschen und mit Wegwerfhandtüchern abtrocknen.
- Vakuumverpackte Lebensmittel im Kühlraum bei + 3 ° bis 8 °C aufbewahren.
- Aufbrauchfristen beachten.
- Fleisch- und Gemüsegerichte in Dosen und Einweggläsern zweimal sterilisieren.
- Fleischdauerwaren genügend salzen und pökeln.

- Den Inhalt von aufgeblähten Folienbeuteln, gewölbten Dosen und aufgegangenen Gläsern nicht verwenden.

Schimmelpilze

Nur die Edelschimmelpilze bei Salami, Camembert, Roquefort usw. sind für den menschlichen Genuß geeignet; alle anderen Schimmelarten sind giftig.

Lebensbedingungen:

- Schimmelpilze sind anspruchslos.
- Sie bauen alle Nährstoffe ab.
- Die Vermehrung findet zwischen dem Gefrierpunkt und 45° C statt. Das stärkste Wachstum liegt bei 25° C. Dazu müssen genügend Luftfeuchtigkeit und Sauerstoff vorhanden sein.
- Bei günstigen Bedingungen wachsen Pilzfäden, ein weißer Belag wird sichtbar. Bei starker Vermehrung kommt es zur Bildung von Pilzrasen. Essigsäure schädigt die Schimmelpilze und stoppt die Vermehrung.

Besonders gefährdete Lebensmittel:
Ungeräucherte Wurstwaren, Backwaren, Obst und Obsterzeugnisse.
Pilzfäden und Ausscheidungsgifte sind immer weiter verteilt, als aus dem Pilzrasen ersichtlich ist. Daher sollten vom Schimmel befallene Lebensmittel oder Getränke zur Gänze vernichtet werden.

Auswirkungen auf den Menschen:
Schimmelpilzgifte schädigen die Leber.

Vorbeugende Maßnahmen

- Lebensmittel kühl und trocken lagern.
- Befallene Lebensmittel sofort entfernen.
- Kühlräume und Kühlschränke mit Essigwasser (Essigessenz) auswaschen.
- Verarbeitungs- und Trockenräume gut lüften; die Luftfeuchtigkeit in den Räumen verringern.
- Befallene Wände und Einrichtungsgegenstände gründlich reinigen und mit Spezialmitteln behandeln.

Ziel aller fleischverarbeitenden Betriebe muß sein, das Fleisch so zu behandeln, daß es frei von lebensmittelvergiftenden oder krankheitserregenden Mikroben ist.

Mögliche Verfahren dazu:

Verringern des Gehalts an Verderbniserregern	Veränderung der Lebensbedingungen	Abtöten der Mikroben
durch	durch	durch
• Säubern • Desinfizieren	• Kühlen, Gefrieren • Trocknen • Säuern, Räuchern...	• Erhitzen • Entkeimen

Wie wird die Keimvermehrung während der Fleischverarbeitung verringert?

- Den Verarbeitungsvorgang ohne Pausen durchführen.
- Für die Verarbeitung Kleider und Schuhwerk wechseln.
- Oberflächen von Geräten und Arbeitsflächen überprüfen, schadhafte (rissige) auswechseln.
- Den Gesundheitszustand der verarbeitenden Person überprüfen.

SICHERHEITSVORKEHRUNGEN VOR UNFÄLLEN

Unfälle bei der Fleischverarbeitung können schwerwiegende Folgen haben.

Verbrühung durch heißes Wasser oder Fett.

Stich- und **Schnittverletzungen** durch

- Falsche Schnittführung.
- Stumpfe Messer.
- Fehlen von Schutzkleidung.
- Entfernen von Schutzvorrichtungen bei laufenden Geräten.

Sturz und **Fall** durch

- Zu glatte Böden.
- Wasserlacken und Fettreste am Boden.
- Stolpern bei Stufen.
- Unzweckmäßiges Schuhwerk.
- Unordnung in Arbeitsräumen.

Arbeitsbehelfe

- Kenntnisse über Unfallursachen und deren Vermeidung erwerben.
- Entsprechende Einrichtungen benützen.
- Intakte Arbeitsgeräte einsetzen und regelmäßig warten.
- Richtige Arbeitsmethoden anwenden.
- Zweckmäßige Arbeitskleidung tragen (keinen Schmuck).
- Metallschürzen und Fingerschutz beim Zerlegen des Fleisches anwenden.
- Erste-Hilfe-Kasten im Verarbeitungsraum anbringen.
- Der Betriebsinhaber ist verantwortlich, daß alle Geräte und Einrichtungsgegenstände in Ordnung sind. Er muß Schutzbekleidung für sich und die Mitarbeiter bereitstellen und darauf achten, daß alle Unfallverhütungsmaßnahmen eingehalten werden.
- Kinder sind von Schlacht- und Fleischverarbeitungsräumen fernzuhalten.

Arbeitskleidung

- Weiße Overalls aus Baumwolle, die genügend Bewegungsfreiheit gewähren, werden empfohlen. Es dürfen keine Teile wegstehen, so daß die Gefahr des Hängenbleibens vermieden wird.
- Griffige Schuhsohlen verringern die Rutschgefahr.
- Thermokleider für Arbeiten im Kühlraum beugen Verkühlung und Rheuma vor.

- Das Tragen von Sicherheitskleidung schützt vor lebensgefährlichen Stichverletzungen (Stichschutzschürze zum Schutz des Bauches und der Oberschenkel). Dreifinger- bzw. Fünffingerhandschuhe beim Fleischteilen verwenden.

Arbeitsmethode

- Von der richtigen Schnittführung hängt die Sicherheit ab.
- Freihändiges Arbeiten mit dem Messer führt vermehrt zu Unfällen.
- Es wird empfohlen, einen Fleischteilungskurs zu besuchen.

Fußboden

- Der Boden muß rutschsicher und stufenlos sein.
- Wasser und Fettverschmutzungen sofort entfernen.
- Gänge von Geräten und Gerümpel freihalten.

Geräte

- Die Gebrauchsanweisungen der Geräte genau lesen und einhalten.
- Bewegliche Schutzvorrichtungen benützen (Einfülltrichter, Restehalterung bei der Aufschnittmaschine).
- Bei Stromausfall die Geräte ausschalten, damit kein unüberwachter Betrieb stattfinden kann.
- Nur Messer mit Sicherheitsgriff verwenden.
- Messer nicht von einem Arbeitsraum in den anderen tragen, sondern an Ort und Stelle griffbereit unterbringen.
- Nur geschärfte Messer verwenden.
- Für spezielle Arbeiten nur das dafür geeignete Messer einsetzen (stechen, ausbeinln).

PLANUNG UND WIRTSCHAFTLICHKEIT

PLANUNG DER SCHLACHTUNG UND VERARBEITUNG

Die Umstellung von der Hausschlachtung, die der Versorgung der Familie dient, auf die Erzeugung von Fleisch und Fleischprodukten für den Markt bringt meist einschneidende Veränderungen für Betrieb und Haushalt mit sich.
Dieser Schritt muß, da er nicht so ohne weiteres rückgängig gemacht werden kann, gründlich durchdacht und geplant werden. Dabei geht es nicht nur um die Klärung der Frage, welche Investitionen notwendig sind und wie sie finanziert werden können, sondern vor allem auch um den rationellen Einsatz der Arbeitskräfte.

Arbeitspläne beantworten die Frage, wer wo was wie und womit erledigen soll. Sie sparen Zeit, verhindern Streß, schalten Leerläufe aus, verringern Wartezeiten, tragen zur Qualitätserhaltung bei, ermöglichen den gezielten Einsatz von Hilfskräften und sind bei Bedarf leicht abzuändern.

Durch das Auflisten der Arbeiten und Festlegen der Arbeitsfolge werden Fehler ersichtlich.
Fällt eine Arbeitskraft aus, ist sie leicht zu ersetzen, ohne daß es zu Störungen im Betrieb kommt.

Beispiel für eine Arbeitsplanerstellung zu einer Schweineschlachtung und -verarbeitung

1 Monat bis 2 Tage vor dem Schlachttag

- Termin festlegen und mit den erforderlichen Hilfskräften abstimmen.
- Arbeitsgeräte auf ihre Betriebsbereitschaft überprüfen und etwaige Mängel beheben.
- Vorräte und Mengen (Gewürze, Därme) überprüfen und ergänzen.
- Verschiebbare Arbeiten im Betrieb so einteilen, daß der für die Fleischverarbeitung vorgesehene Tag davon nicht betroffen ist.
- 48 Stunden vor der Schlachtung den Beschautermin der Gemeinde oder dem zuständigen Tierarzt bekanntgeben.

Vortag

- Schlachtplatz reinigen.
- Haartrog, Holzbock und Schragen aufstellen.
- Wasserkessel auffüllen.
- Brennmaterial herbeischaffen.
- Kolophonium (Saupech) bereitstellen.

Schlachttag

- Wasser erhitzen.
- Schlacht- und Arbeitsgeräte (Schußapparat, Messer und Hilfsmittel, Kolophonium, Salz) sowie Gefäße für Blut und Gedärme zum Schlachtplatz bringen.
- Schlachten, ausweiden.
- Blut rühren.
- Fleischhälften und Innereien in die Kühlung bringen.
- Därme reinigen.
- Fleischbeschau bei Vermarktung.
- Köpfe und Halsfleisch brühen.
- Leberwurst bereiten.

2. Tag

- Blutwurst und Maischerln zubereiten.
- Fleischhälften zerlegen.
- Speck für die Wurstbereitung vorfrieren.

3. Tag

- Fleisch einfrieren.
- Fleisch pökeln.
- Fleisch und Speck für die Rohwurst vorbereiten.
- Fett faschieren und zerlassen.
- Rohwürste bereiten und zur Reifung geben.
- Hauswürstel selchen.

Die Arbeiten sind auf die vorhandenen Arbeitskräfte aufzuteilen.

Liste zur Kontrolle und Ergänzung der Hilfsmittel für die Dauerwarenerzeugung

Hilfsmittel	vorhanden	zu ergänzen
Pökelhilfen		
Kochsalz	x	
Nitritpökelsalz	x	
Salpeter		1 P. Salpeter
Gewürze		
Zwiebel	x	
Knoblauch	x	
Pfeffer		250 g Pfeffer
Piment	x	
Majoran	x	
Thymian	x	
Koriander	x	
Wacholder		200 g Wacholder
Paprika		250 g Paprika
Därme/Verschiedenes		
Hauswürstel		1 Bund Naturdärme
Salami, Kaliber 55		1 Bund Salamidarm 55 Kaliber
Leberwurst $^1/_2$ kg–1 kg		1 Bund Leberwurst-$^1/_2$-kg-Därme
Sulz, Kaliber 120	x	
Spagat		1 Rolle Spagat
Wurstspieße	x	
Einfrieren		
Schlauchfolie		1 Rolle zu 25 cm
Sackerln	x	

Kontrolle von Planungen

- Die Kontrolle kann Ausgangspunkt für eine eventuelle Neuplanung sein.
- Eine Neuplanung ist nach jeder Änderung innerhalb der Familie, des Betriebes, des Haushalts oder des Marktes unumgänglich.
- Wiederholte Laboruntersuchungen der Produkte garantieren gleichbleibende Qualität.
- Lagerbestände sind ständig zu kontrollieren, z. B. Fleischvorräte, Gefriertruhe, Gewürzbestände...

WIRTSCHAFTLICHKEIT

Bei der Erzeugung von Fleischprodukten für den Eigenverbrauch wird nicht nach der Wirtschaftlichkeit gefragt. Es ist der Wunsch jeder Bäuerin, etwas Gutes und Besonderes herzustellen und es zu präsentieren. Sie möchte etwas erzeugen, worauf sie stolz sein kann!
Wer seine Produkte direkt vermarkten will, um damit ein zusätzliches Einkommen zu erwirtschaften, muß kalkulieren.
Eine Wirtschaftlichkeitsrechnung auf dem Gebiet der Fleischverarbeitung ist deshalb schwierig, da man dafür sehr viele Daten braucht, die nur über exakte Aufzeichnungen zu erhalten sind. Da diese Aufzeichnungen über einen längeren Zeitraum erfolgen müssen, fehlt oft die Bereitschaft, dafür Zeit aufzubringen.
Die aus **einem** Betrieb gewonnenen Daten sind jedoch nicht auf jeden anderen übertragbar.
Bei den Landwirtschaftskammern liegt für die Berechnung der Wirtschaftlichkeit ein Satz von Formularen auf. Die Beratungsstelle kalkuliert mit den Interessenten die erzeugten Produkte durch; aber auch dafür sind Aufzeichnungen notwendig.
Die Kalkulation gibt nicht nur Aufschluß, ob und in welchem Ausmaß die Direktvermarktung von Fleischprodukten zum Betriebserfolg beiträgt; sie ist auch ein Kontrollinstrument, das Schwachstellen aufzeigt.

VERMARKTUNG VON FLEISCH UND FLEISCHDAUERWAREN

VERKAUF VON FRISCHFLEISCH

In vielen Gegenden Österreichs war es schon immer üblich, daß der Bauer Frischfleisch an den Kunden verkauft (ausschroten). Dabei kann es sich entweder um ganze Tierhälften oder um Teile bis zu einem Gewicht von 1 kg handeln (in der Gewerbeordnung ist das Be- und Verarbeitungsnebengewerbe geregelt).
Beim Einkauf am Bauernhof kann sich der Konsument über die Haltung, Fütterung der Tiere und ihre weitere Verarbeitung informieren.
Ein Bauer, der Frischfleisch verkauft, muß besonders großen Wert auf die Erzeugung und Erhaltung von guter Qualität legen und die Fleischhygiene-Richtlinien beachten.
Fleisch von Rindern, Schweinen, Schafen, Ziegen, Pferden und anderen Einhufern sowie Wild aus Gattern darf unbeschaut nicht in den Verkehr gebracht werden.
Für den Ab-Hof-Verkauf muß ein kühler, sauberer Raum vorhanden sein.
Bei Zustellung darf die Fleischtemperatur nie über + 7° C ansteigen. Die Transportbehälter sind peinlichst sauber zu halten.

Preisauszeichnung

Die Preisauszeichnung kann mit oder ohne Knochenzuwaage erfolgen. Fleischstücke mit eingewachsenen Knochen (z. B. Karree, Schopfbraten) werden mit Zuwaage berechnet.

Mit Zuwaage (das ist der Knochenanteil)

Gesetzlich geregelt	**Anteile in %**	
Fleischart	**Fleisch**	**Knochen**
Rind	75	25
Kalb	70	30
Schwein	80	20

Ohne Zuwaage

Dabei werden keine Knochen mitverkauft, aber sehr wohl im Preis mitberechnet.

Beispiel:
Bei 1 kg Rindfleisch mit Zuwaage erhält der Kunde 0,75 kg Fleisch und 0,25 kg Knochen.
Verlangt der Kunde 1 kg Rindfleisch ohne Zuwaage, werden ihm die 25% Knochen dazugerechnet (330 g), und er hat den Preis von 1,33 kg zu bezahlen.

Rechenvorgang:

75%	1000 g
25%	x

$$x = \frac{1000 \times 25}{75} = \frac{25000}{75} = 330 \text{ g}$$

Die Wünsche der Konsumenten

Der Konsument möchte
- Gut gereifte Ware, die fachgemäß geteilt und bezeichnet ist.
- Ratschläge über die Verwendung und Zubereitungsmöglichkeiten der einzelnen Teilstücke.
- Die Stücke sollen nicht zuviel Nacharbeit in der Küche erfordern, z. B. ausgelöster Braten oder eingehacktes Karree, Teilstücke einer Mahlzeit angepaßt.

Fleischverluste von der Schlachtung bis zum Verkauf

Errechnen des Warmschlachtgewichtes

  Lebendgewicht
– Schlachtverlust

= Warmschlachtgewicht

Für das Warmschlachtgewicht werden die ausgeweideten schlachtwarmen Tiere (Rind, Kalb und Schaf) ohne Füße und Kopf in Hälften gewogen.
Bei Schweinen werden Kopf und Füße mitgewogen.

Durchschnittliche Schlachtverluste

Bei Rindern:	35 bis 65%	des Lebendgewichtes
Bei Kälbern:	30 bis 51%	–"–
Bei Schweinen:	15 bis 30%	–"–
Bei Schafen:	45 bis 65%	–"–

Die Schlachtverluste bestehen aus:
Haut oder Fell, Borsten, Hörnern, Klauen, Knochen, Därmen, Fett und, unter Umständen, aus Innereien. Ein Teil dieser Produkte könnte auch verkauft werden.

Beispiel:

	1 Schwein hat ein Lebendgewicht von	120 kg
–	20% Schlachtverlust	24 kg
=	Warmschlachtgewicht	96 kg

Durch das Auskühlen verliert das Fleisch 1 bis 3% des Warmschlachtgewichtes und man erhält somit das Kaltschlachtgewicht.
Es kann durch die Fleischreifung, Zerfällung und den Verkauf ein weiterer Schwund von 3 bis 10% des Kaltschlachtgewichtes entstehen.

Beispiel:

	Warmschlachtgewicht	96 kg
–	3% Auskühlverlust	2,88 kg
	Kaltgewicht	93,12 kg
–	5% Schwund	4,66 kg
=	Verkaufsgewicht	88,46 kg

Die Ausbeute des Schlachtgewichtes einzelner Tierarten

Der Frischfleisch direkt vermarktende Produzent muß die Fleischausbeute berechnen können.
Diese Beispiele dienen als Anhaltspunkte für die zu entgegennehmenden Vorbestellungen:

Kalkulation Kälber

Beispiel: Lebend 100 kg, Schlachtgewicht 75 kg

Karree, Nierenbraten mit Zuwaage	12	kg
Schulter m. Z.	10,60	kg
Brust m. Z.	8,60	kg
Hals m. Z.	3	kg
Schlegel*: Schnitzelfleisch o. Z.	12	kg
Bratenfleisch o. Z.	3	kg
Knochen	5	kg

Nebenausbeute:

Fell	7	kg
Kopf	5,60	kg
Füße	3	kg
Beuschel, Milz	2,50	kg
Leber	1,60	kg
Hirn, Bries	0,80	kg
Lunge	0,30	kg
	75	kg

* Festgestellt bei Zerfällung anläßlich Richtsatzprüfung.

Kalkulation Rinder

Beispiel: Schlachtgewicht 367 kg (ohne Nebenausbeute) – Ochse

Lungenbraten ohne Zuwaage	6,40 kg
Beiried, Rostbraten o. Z.	20 kg
Hinteres o. Z.	32,90 kg
Braten o. Z.	34 kg
Schnitzel o. Z.	51,80 kg
Vorderes o. Z.	37,60 kg
Fettes Suppenfleisch m. Z.	66,40 kg
Wadschinken o. Z.	17 kg
Schlepp	2 kg
Knochen	43 kg
Zuschnittfleisch	30,60 kg
Anschnittfett	24 kg
Manipulationsverluste	1,30 kg
	367 kg

Nebenausbeute:

Haut	51 kg
Fett	26 kg
Zunge	1,50 kg
Lunge	6 kg
Leber, Herz, Hirn	11,30 kg
Milz	1,60 kg
Nieren	1,80 kg
Füße	5,60 kg
Sonstiges (Kuttel, Ausschnitt, etc.)	9,40 kg

Kalkulation Schweine

Beispiel: Lebend 105 kg, Schlachtgewicht 80 kg – Klasse I

Karree kurz, mit Knochen	4 kg
Karree lang, m. K.	6 kg
Schopfbraten m. K.	3,80 kg
Schnitzelfleisch o. K.	11 kg
Schulter m. K.	5,50 kg
Bauch	8 kg
Hintere Stelze	2,30 kg
Vordere Stelze	2 kg
Rohspeck, Goder	9,35 kg
Filz	1 kg
Haxl	1,80 kg
Ripperl	2,80 kg
Kopf	4,20 kg
Zuschnitte mager	5,90 kg
Zuschnitte fett	1,65 kg
Sehnen	1,65 kg
Schwarten	3,15 kg
Drüsen	0,40 kg
Knochen	1,70 kg
Hirn	0,10 kg
Leber, Niere	2,50 kg
Zunge	0,15 kg
Beuschel, Milz	1,05 kg
	80 kg

HALTBARKEITSFRISTEN FÜR VERPACKTE FLEISCHWAREN

Viele bäuerliche Betriebe verpacken Fleischwaren in Vakuumfolien. Die Luft wird durch das Vakuumgerät aus den Paketen völlig herausgesaugt. Die Verpackung verlängert die Haltbarkeit durch Luftentzug.
Die Waren müssen gemäß der Lebensmittelkennzeichnungsverordnung gekennzeichnet sein (Menge, Sachgegenstand, Inhaltsstoffe, Datum der Herstellung oder Abpackung, Erzeuger oder Abfüller mit Anschrift).

Beispiel für eine Kennzeichnung:

2 Stück Leberstreichwürste,
Inhaltsstoffe: Fleisch, Fett, Leber und Gewürze
1 kg S 60,–, abgepackt am 14. April…, mindestens haltbar bis…
Josef Huber, Arndorf 4, 9065…

Der Verkauf von Frischfleisch in der Verpackung ist außerordentlich kritisch, da für kein Produkt genaue Angaben gemacht werden können, bis zu welchem Zeitpunkt es seinen Genußwert verliert oder sogar verdirbt.
Die maximale Lagerfrist von verpackten Fleischwaren ist nach den jeweiligen gesetzlichen Bestimmungen einzuhalten!
Rohwürste mit Belag, z. B. Salami in der Vakuumverpackung, verlieren an Qualität.

Produkt-Etikettierung
(bei abgepackter Ware)

Laut Lebensmittelkennzeichnungsverordnung müssen alle in Verkehr gebrachten abgepackten Fleischwaren folgende Etikettierungsmerkmale aufweisen:

Sachbezeichnung	
Name, Anschrift, Telefonnummer	
Ursprungsherkunft	z. B. Land, Tal, Bezirk, Region, usw.
Hergestellt aus… *oder Zutaten*	in absteigender Reihenfolge (z. B. Schweine-, Rindfleisch, Speck, Gewürze)
Nettofüllmenge *Preis/kg/Stück* *Abgepackt am…*	
Empfohlene Aufbrauchfrist *oder* *mindestens haltbar bis…*	
Lagerbedingungen	

DIREKTVERMARKTUNGSMÖGLICHKEITEN VON FLEISCH UND FLEISCHDAUERWAREN

Immer mehr bäuerliche Familien wollen ihre Produkte direkt vermarkten. Damit beabsichtigen sie, verschiedene Ziele zu erreichen:

- Ein höheres Einkommen zu erwirtschaften.
- Ein Vollerwerbsbetrieb zu bleiben.
- Einen Arbeitsplatz zu Hause zu schaffen.
- Freie Arbeitskapazität in Anspruch zu nehmen.
- Kapital langfristig zu nutzen.

Um diese Entscheidung zu erleichtern, sind folgende Schritte notwendig:

- Die Situation der Familie und des landwirtschaftlichen Betriebes zu analysieren.
- Möglichkeiten der Fleischverarbeitung zu suchen.
- Die Marktsituation festzustellen.

Eine Liste von Fragen, die keinen Anspruch auf Vollständigkeit erhebt, soll die Entscheidung erleichtern.

Darstellung der Situation (Analyse)

Fragen zur Familiensituation

- Wer ist an der Fleischverarbeitung interessiert?
- Wer ist dafür bereit, Dienstleistungen zu erbringen?
- Wer soll hauptsächlich in der Direktvermarktung mitarbeiten?
- Wer kann fallweise einspringen (Arbeitsspitzen)?
- Wieviel Zeit können die einzelnen Familienmitglieder für die Direktvermarktung einsetzen?
- Wer hat die nötigen Voraussetzungen für die Direktvermarktung (Kontaktfreudigkeit, Ordnungsliebe, Gewissenhaftigkeit, Verläßlichkeit, Flexibilität, körperliche Belastbarkeit, Ideenreichtum, positive Einstellung zum Kunden und Kommunikationsfähigkeit)?
- Bei wem ist die fachliche Kompetenz gegeben?
- Wer von den Familienmitgliedern arbeitet in Vereinen und in der Politik?
- Was erwarten sich die einzelnen Familienmitglieder von der Direktvermarktung?
- Welche Probleme könnten sich aus der Direktvermarktung ergeben?
- Ist in absehbarer Zeit eine Veränderung der Familiensituation zu erwarten?

Fragen zum landwirtschaftlichen Betrieb

- Wie viele Tiere werden im Jahr gemästet?
- Ist eine Ausweitung der Masttierhaltung möglich?
- Wo liegen die Grenzen (Futtergrundlage, Gebäude, Gesetze, Arbeitskapazität, Kapitalbedarf)?
- Ist eine Spezialisierung in der Landwirtschaft möglich?
- Können landwirtschaftliche Arbeiten vergeben werden (Maschinenring)?

Fragen zur Fleischverarbeitung

- Welche Mengen sollten verarbeitet werden?
- Welche Produkte sollten daraus erzeugt werden?
- In welcher Jahreszeit fällt die Produktion an?
- Reichen die vorhandenen Arbeitsräume, Einrichtungen und Geräte aus, oder müssen Arbeitsräume adaptiert bzw. neu gebaut werden?
- Welche Einrichtungen und Geräte werden zusätzlich benötigt?
- Wie hoch ist der Kapitalbedarf für die Investitionen?
- Welche Finanzierungsmöglichkeiten gibt es (Eigen- und Fremdkapital)?
- Gibt es Förderungen?
- Wieviel Arbeitszeit wird für die geplante Produktion benötigt?
- Sind notwendige Arbeitskräfte vom Betrieb jederzeit abstellbar, oder müssen Hilfskräfte eingestellt werden?

Fragen zur Marktsituation

- Ist ein Markt vorhanden?
- Welche Verkaufsform kommt für den Betrieb in Frage (Abwägen von Vor- und Nachteilen)? – Bauernmarkt – Ab-Hof-Verkauf – Zustellung – Gemeinsamer Verkaufsraum – Bauernladen/-korb – Börse der Landwirtschaftskammer – Buschenschank – Urlaub am Bauernhof.
- Welche Werbemaßnahmen sind erforderlich?
- Welche Preise können erzielt werden?

Alle offenen Fragen sollten aufgelistet und die Beratung der Landwirtschaftskammer angefordert werden (Hauswirtschafts-, Bauabteilung usw.).

Wichtig!

- Alle offenen Fragen klären!
- Reihenfolge der notwendigen Schritte (Maßnahmen) zur Verwirklichung festlegen!

- Kapitalbedarf und Finanzierungsmöglichkeiten feststellen!
- Weiterbildungsmöglichkeiten in Erfahrung bringen (Kurse, Literatur, Erfahrungsaustausch mit Vermarktern)!

Möglichkeiten der Direktvermarktung (Checklisten)

Der Landwirt kann seine Produkte vielfältig vermarkten, doch benötigen die einzelnen Verkaufsformen einen unterschiedlichen

- Arbeitsaufwand,
- Kapitaleinsatz und
- hängen von der Nähe des Marktes ab.

Für das Fertigprodukt werden bei den einzelnen Vermarktungsformen verschiedene Gewinne erzielt.
Die anschließenden Checklisten sollen die Entscheidung für die passende Vermarktungsform erleichtern.

Welche Verkaufsform kommt für den Betrieb in Frage?

- Bauern-, Wochenmarkt
- Zustellung
- Gemeinsamer Verkaufsraum
- Bauernladen/-korb
- Börse der Landwirtschaftskammer
- Ab-Hof-Verkauf
- Buschenschank
- Gästevermietung

Was spricht für oder gegen die Beschickung eines Wochen- oder Bauernmarktes?

Vorteile	Nachteile
Kunden müssen nicht gesucht weren.	1 bis 2 feststehende Tage in der Woche sind für Arbeiten im Haushalt und Betrieb nicht verfügbar.
Geringe Werbekosten (Mundpropaganda). Verkaufszeiten sind kurz (einige Stunden). Ein Kundenstock ist einfach aufzubauen.	Diverses Zubehör ist je nach Marktordnung notwendig (z. B. Stand, Vorrichtung zum Abdecken der Ware als Schutz vor der Berührung durch den Kunden, Preistafel, geeichte Waage, Schneidbrett aus Kunststoff, Messer, Verpackungsmaterial, Tischabdeckung, vorschriftsmäßige Transportbehälter).
Bei gleichbleibendem Kundenstock ist die Absatzmenge keinen großen Schwankungen unterworfen. Guter Kontakt zu den Kunden. Erfahrungsaustausch mit anderen Marktfahrern. Keine Unruhe am Hof durch Kundenbesuche.	Regelmäßige Gesundenuntersuchung. Zusätzliche Kosten. Auto. Marktgebühren.

Zustellung der Produkte

Vorteile	Nachteile
Es ist günstig, mit Gewerbetreibenden (Gastwirten, Lebensmittelhändlern) Geschäftsverbindungen anzuknüpfen.	Die Produkte an der Tür anzubieten (Hausieren), ist verboten!
Voraussetzung ist ein ständiges Angebot.	Fleischwaren dürfen nur auf Bestellung zugestellt werden.
Wenn ein Kundenstock vorhanden ist, sind weitere Werbemaßnahmen nicht notwendig.	Die Nachfrage ist nicht immer gleich. Wenn sich das Warenangebot nicht deckt, müssen die Kunden angerufen oder angeschrieben werden.
Verkaufsfördernde Gespräche können entfallen (Qualität spricht für sich).	Zusätzliche Kosten – Auto, Transportbehälter.
	Zustellzeiten lassen sich bei bestimmten Produkten nicht immer fixieren; sie bringen oft den Arbeitsplan durcheinander.

Bauernladen

Mehrere Bauern betreiben ein gemeinsames Verkaufslokal.

Vorteile	Nachteile
Standplatz in Kundennähe (Einkaufsstraße, Platz, Wohngebiet durch öffentliche Verkehrsmittel leicht erreichbar).	Abgelegenheit oder schwere Erreichbarkeit des Standplatzes.
Arbeitsparend, wenn eigenes Verkaufspersonal angestellt wird und sich die Anbieter beim Verkauf abwechseln.	Kosten sind höher (Betriebskosten, Einrichtungen, eventuell Löhne, Transportkosten).
Verkaufsform für Leute, die wenig kontaktfreudig sind.	Keine persönliche Kundennähe.

Bei dieser Vermarktungsform sind die Kosten genau abzuwägen. Die Zusammenarbeit der Vermarkter im Bauernladen muß vertraglich festgelegt werden.

Bauernkorb

Mehrere Bauern beliefern ein Spezialgeschäft, das bäuerlich erzeugte Produkte anbietet.

Vorteile	Nachteile
Wie beim Zustellen.	Kein Kundenkontakt.
Geringe Kosten.	Es gibt nur wenige Bauernkörbe.
Kein Verkaufsrisiko.	

Transportbedingungen

Für die bisher besprochenen Verkaufsformen sind die Transportbedingungen zu beachten:

- Die Transportbehälter müssen für Lebensmittel geeignet, wasserundurchlässig, gut verschließbar, leicht zu reinigen und stets sauber sein.
- Frischfleisch gut vorkühlen, damit die Kerntemperatur während des Transportes nicht über + 7° C ansteigt!
- Rohe Brat- und Grillwürste sowie Frischgeflügel dürfen nicht älter als 24 Stunden sein.
- Beim Befördern von verpacktem Fleisch darf die Verpackung nicht beschädigt oder verunreinigt werden.

Grüne Börse

In der Börse der Landwirtschaftskammer (Oberösterreich, Kärnten) werden Angebot und Nachfrage gesammelt und Kontakte zwischen Erzeugern und Kunden (Konsumenten, Wirten, Lebensmittelhändlern) hergestellt.

Vorteile	Nachteile
Aufbau eines Kundenstockes. Die Vielfalt des Angebotes wird einem großen Kundenkreis bekannt. Die Vermittlung erfolgt unkompliziert. Geringe Kosten.	Schwierigkeiten in der Anfangsphase, bis ein bestimmter Bekanntheitsgrad erreicht ist.

Ab-Hof-Verkauf

Vorteile	Nachteile
Verkaufsstelle, Betrieb und Haushalt haben denselben Standort.	Ein Verkaufsraum ist einzurichten (Kosten).
Bei festgelegten Öffnungszeiten ist der Zeitaufwand gering.	Viele Arbeitsunterbrechungen und hoher Arbeitszeitaufwand entstehen, wenn die Öffnungszeiten nicht genau festgesetzt und eingehalten werden.
Keine Qualitätsverluste durch Umwelteinflüsse während des Transports oder auf dem Stand.	Mehr Anstrengung unter höheren Kosten, damit Kunden erreicht werden.
Kosten sind geringer als bei anderen Verkaufsformen (Marktstandgebühren, Lohnkosten, Transportkosten und Zeit entfallen).	Es besteht die Gefahr, den Stammkunden auf irgend etwas einzuladen; wenn dies zur Gewohnheit wird, kostet es Zeit und Geld.
Kein Verkehrsrisiko.	

Einkaufen auf dem Bauernhof

Buschenschank

Vorteile	Nachteile
Durch das Abgeben von Fleisch und Fleischwaren in Portionen werden höhere Preise erzielt.	Besonders kapital- und arbeitsintensiv.

Im Rahmen der Gästevermietung

Fleisch und Fleischprodukte werden im Rahmen der Gästevermietung nur zu den Mahlzeiten und zum Mitnehmen abgegeben; die abgesetzten Mengen bleiben gering.

Kundenwerbung

- Für alle Vermarktungsformen und im Rahmen der Gästevermietung gültig.
- Verwandte, Freunde, Bekannte als Werbeträger heranziehen.
- In Ämtern, Fabriken und Siedlungen durch Flugblätter und Personen werben.
- Postwurfsendungen.
- Hofbesichtigungen (Besuchstage) veranstalten.
- Inserate in Tages-, Gemeinde- und Vereinszeitungen einschalten.
- Eine Kundenkartei mit Adressen und Telefonnummern anlegen.
- Periodische Rundschreiben an die Kunden senden, um sie über die Produktpalette und Preise zu informieren.

Nur für Ab-Hof-Vermarkter und Buschenschank gültig:
- Hinweistafeln aufstellen!
- Den Hof und seine unmittelbare Umgebung einladend gestalten, denn er ist die Visitenkarte!

Für die Fleischvermarktung sind folgende Gesetze bindend:

Siehe Kapitel: Was müssen Erzeuger und Vermarkter wissen? Seite 17

LITERATURVERZEICHNIS

Aussendungen der Fleischerinnung von Kärnten (z. B. Ausbeute der Schlachttiere)

Die große Nährwerttabelle 1992/93, Institute für Ernährungswissenschaften der Universitäten Wien und Gießen.

Einfrieren im bäuerlichen Haushalt (Beratungsschrift 2, Bundesministerium für Land- und Forstwirtschaft)

Gesetze und Verordnungen zum Thema Fleisch:

Fleischuntersuchungsverordnung BGBl. Nr. 522/1982, BGBl. Nr. 541/1988
Fleischhygieneverordnung BGBl. Nr. 280/1983
Gewerberecht 1973
Gewerberechtsnovelle 1988, 1992
Lebensmittelrecht BGBl. Nr. 86/1975
Österreichisches Lebensmittelbuch (Codex alimentarius Austriacus), III. Auflage B 14: Fleisch und Fleischwaren
Qualitätsklassen für Schweinehälften, BGBl. Nr. 182/1979

Grüner: Fachtheorie für ernährungswirtschaftliche Berufe. Dr. Felix Büchner, Handwerk und Technik.

Kulmbacher Reihe: Band 5, Mikrobiologie und Qualität von Rohwurst und Rohschinken.

Kulmbacher Reihe: Band 8, Technologie der Kochwurst und Kochpökelware 1988.

Leibetseder, Josef: Österreichische Schweinefleischuntersuchung, Wien 1991.

Leitgeb: Untersuchung, Fütterung vor der Schlachtung, Wien.

Österreichisches statistisches Zentralamt Wien: Österreichisches Statistisches Handbuch.

Radke, Monika: Vorträge.

Schlieper, Cornelia: Ernährung heute. Dr. Felix Büchner, Handwerk und Technik.

Das zarte Fleisch-Erlebnis

Styria Beef®

Styria Beef - was ist das ?

Dies ist das Fleisch von höchstens 10 Monate alten Jungrindern aus der Mutterkuhhaltung.

Die Kälber ernähren sich dabei überwiegend von der Muttermilch - daneben bekommen sie würzige Gräser, frisches Heu und gesundes Getreide.

Die Haltung

Die Styria Beef-Kälber werden auf ausgewählten Bergbauernhöfen aufgezogen. Dabei genießen sie ständig volle Bewegungsfreiheit - im Sommer auf den Almen, im Winter im Laufstall.

Die Qualität

Das rosa bis hellrote Fleisch ist bekömmlich und feinfasrig. Die optimale Marmorierung sowie die einzigartige Zartheit lassen das Styria Beef zu einem besonderen Eßvergnügen werden.

Die Qualitätsgarantie

Jedes Styria Beef-Kalb wird unmittelbar nach der Geburt gekennzeichnet und registriert. So kann die Herkunft jedes Fleischstückes, das zum Verkauf angeboten wird, festgestellt werden. Jeder einzelne Landwirt und die AMF garantieren für die Herkunft und Qualität dieses Fleisches.

Die Zubereitung

Styria Beef eignet sich vortrefflich zum Braten, Backen und ganz speziell zum Kurzbraten und Grillen. Das feinfasrige, butterweiche Fleisch benötigt kürzeste Garzeit wodurch das typische Aroma erhalten bleibt.

Wo bekommt man Styria Beef ?

Falls Sie nähere Informationen wünschen, oder Gusto bekommen haben, dieses besondere Fleisch zu probieren, so wenden Sie sich bitte an:

Steirischer Fleischrinderverband, 8530-Deutschlandsberg, Schulgasse 28, Telefon: (03462) 2264-DW 19
AMF - Schlachthof Graz, 8010-Graz, Lagergasse 158, Telefon: (0316) 2701-37
AMF - Schlachthof Linz, 4020-Linz, Holzstraße 5, Telefon: (0732) 7658 - 142